Mathematica와 함께하는

6시그마 통계 기초의 이해

신용후 지음

교우사

머리말

제품을 개발하다 보면 문제점이 발생하고 설계부서에서는 문제를 개선하기 위한 방안을 제시합니다. 개선 전 샘플 5개와 개선 후 샘플 5개를 비교한 결과자료를 받고 개선안이 효과가 있는지 판단해야 하는 과제가 당신에게 주어졌을 때 어떤 근거로 어떤 판단을 내릴 것인가 하는 것이 제게 가장 어려운 숙제였습니다. 개선 전과 개선 후의 결과가 확연히 차이가 날 때는 큰 문제가 없지만 개선 전과 개선 후가 비슷한 경향을 보이면서 개선 후가 약간 좋아 보일 때 개선안을 적용할 것인지 여부를 결정하면서 다른 부서에게 그 근거를 설명하여야 할 때가 힘들었습니다.

현재 불량률은 이 정도인데 개선안을 적용하면 불량률이 이 정도로 떨어질 것이라고 주장할 수 있는 능력을 가지고 싶었습니다.

제가 이 책을 쓰게 된 동기는 CQE 시험 대비시 확률분포의 개념이 너무 어려워서 다른 분들이 좀 더 이해하기 쉽도록 도움을 주고자 만들기 시작했습니다. 초기 작성 원고를 보면 제가 궁금했던 부분이 카이제곱분포의 개념과 정규분포와 t분포의 차이점을 이해하기 쉽게 설명하려 했습니다. 이 개념이 정리된 이후 F분포와 가설검정 부분이 설명이 되었고 이 내용을 정리하여 책으로 펴내려 합니다.

출간을 위해서 여러분들의 자문을 구하는 과정에서 부정확한 내용들이 일부 수정이 되었을 것으로 생각하나 혹시 아직 틀린 내용이 있을 수도 있습니다. 독자 여러분께서 넓은 아량으로 지적해 주시면 다음 인쇄 시 고치도록 하겠습니다.

모쪼록 6 시그마 벨트 또는 품질 전문가인 CQE, CRE 자격증을 가지신 분이나 준비하시는 분들이 이 책을 공부하여 실무에서 통계 이론을 정확히 잘 적용하여 효과를 얻기를 기대합니다.

저자
신용후

목차

01. 모집단 추정

02. 가설검정

Mathematica와 함께하는

6 시스마 통계 기초의 이해

01 모집단 추정

02 가설검정

03 ANOVA(Analysis Of Variance)

04 측정

01

모집단 추정

우리는 모집단의 평균이 μ, 표준 편차가 σ라고 말하는데 무슨 근거로 그러한 값을 갖는다고 주장할 수 있을까요? 또는 그 값이 맞는지 틀리는지 어떻게 알 수 있나요? 그 방법을 알아보기로 합니다.

1.1 정규분포(Normal Distribution)

정규분포는 [그림 1.1.1]과 같이 평균을 중심으로 좌우 대칭인 종 모양의 분포입니다. [그림 1.1.1]은 평균 $\mu = 100$, 표준편차 $\sigma = 10$인 정규분포를 하는 모집단의 확률분포를 나타냅니다. 평균을 중심으로 2σ폭 내에 있을 확률은 68.3 %, 4σ폭 내에 있을 확률은 95.5 %, 6σ폭 내에 있을 확률은 99.7 %입니다. 좌우 끝으로 갈수록 확률은 0에 가까워지고 정규분포곡선과 x축과의 사이의 면적은 1이 됩니다.

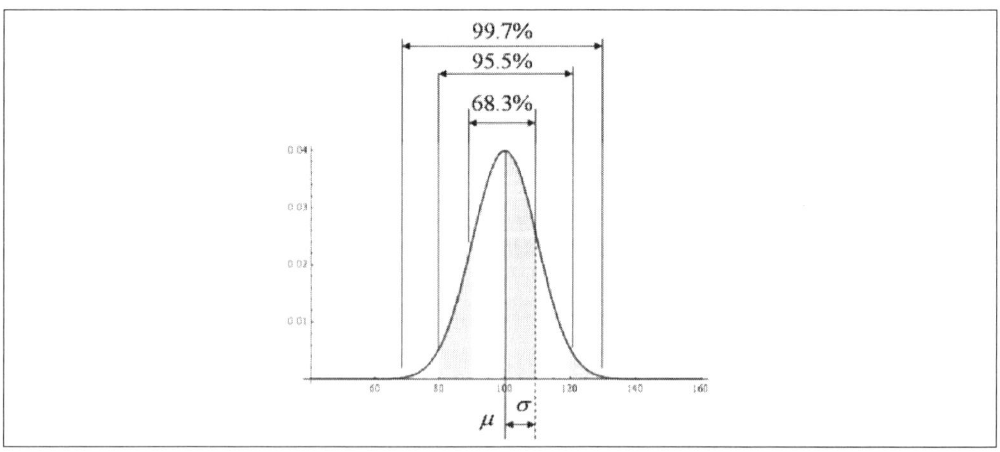

[그림 1.1.1] 정규분포의 모양

좌우 대칭인 종 모양의 분포는 Student t분포 등 다른 분포들이 있기 때문에 종 형태이면서 식 (1.1.1)의 관계를 갖는 분포를 정규분포(normal distribution)라고 합니다.

$$f(x) = \frac{1}{\sqrt{2\pi}\,\sigma} \cdot e^{-\frac{1}{2}\frac{(x-\mu)^2}{\sigma^2}} \quad \cdots\cdots (1.1.1)$$

식 (1.1.1)에서 $\mu = 0$이고 $\sigma = 1$인 경우를 대입하고 변수 x를 변수 z로 이름을 바꾸면 [식 1.1.2]와 같이 보기 좋은 형태로 간단히 되며 이 분포를 표준정규분포(standard normal distribution)라 합니다.

$$f(z) = \frac{1}{\sqrt{2\pi}} \cdot e^{-\frac{z^2}{2}} \quad \cdots\cdots (1.1.2)$$

식 (1.1.2)를 그래프로 그리면 [그림 1.1.2]와 같이 되는데 이 그림의 분포를 감상해 보기로 합니다.

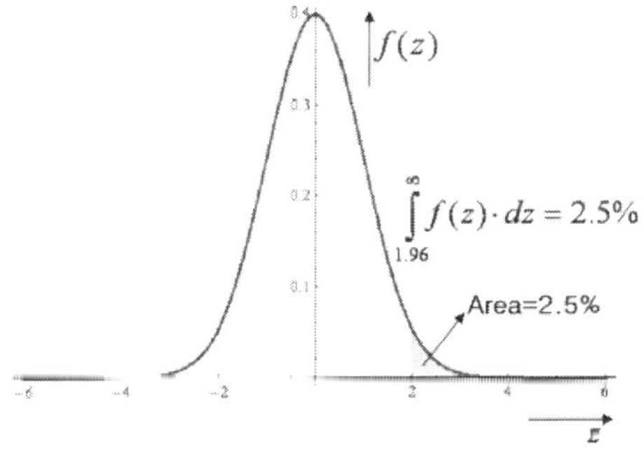

[그림 1.1.2] 표준정규분포 모양

[그림 1.1.1]의 정규분포의 x값에 대해서 $z = \frac{x-\mu}{\sigma}$로 변환하여 z값에 대한 분포를 그리면 [그림 1.1.2]와 같이 됩니다.

예를 들어서 $x_0 = 100$에 대응되는 z_0값을 구하면

$$z_0 = \frac{x_0 - \mu}{\sigma} = \frac{100-100}{10} = 0$$

이 되고 $x_1 = 110$에 대응되는 z_1값을 구하면

$$z_1 = \frac{x_1 - \mu}{\sigma} = \frac{110 - 100}{10} = 1$$

이 됩니다. 만일 x가 $100 \leq x < 110$ 범위에 있을 확률이 $P(100 \leq x < 110)$이라면 z가 $0 \leq z < 1$ 범위에 있을 확률 $P(0 \leq z < 1)$도 동일한 값을 갖습니다. 따라서 가로축의 폭이 1/10로 줄었음에도 그 위의 면적이 동일하기 위해서는 [그림 1.1.1]의 y축 높이는 [그림 1.1.2]의 y축 높이의 1/10의 값을 가지며 이 사실은 식 (1.1.1)의 우변의 분모에 있는 σ의 영향임을 알 수 있습니다.

[그림 1.1.2]에서 z값이 얼마 이상인 확률이 전체의 2.5 %[1])가 되는가를 알아보기로 합니다. 이를 알아보기 위해서 표준정규분포를

$$-\infty < z < \infty$$

의 범위에 대해서 적분을 수행하면 [그림 1.1.3]과 같은 그래프를 얻습니다.

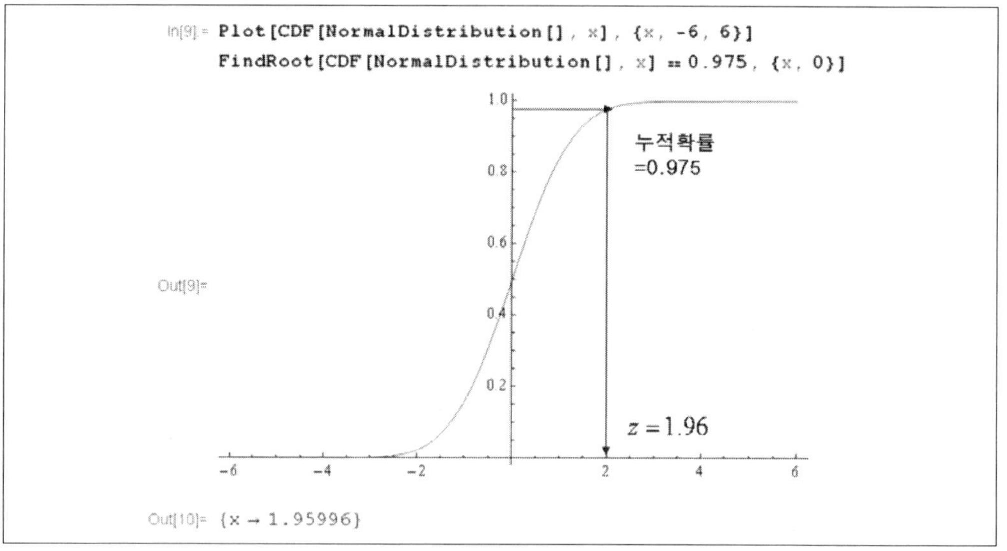

[그림 1.1.3] 표준정규분포를 $-\infty < z < \infty$의 범위에서 적분한 그래프
(CDF : Cumulative Density Function, 누적 확률 밀도 함수)

1) 2.5 %가 되는 임계값을 알아보는 이유는 향후 중심에서 임계값 이상으로 멀리 벗어나는 양이 5 %인 확률을 자주 사용하게 되는데 plus 방향 2.5 %와 minus 방향 2.5 %를 합쳐서 5 %가 되기 때문입니다.

이 그래프는 $z=-\infty$에서 0의 값을 갖고, $z=0$에서 $1/2(=0.5)$의 값을 가지며 $z=\infty$에서 1의 값을 가질 것이 예상되며 $z=0$ 부근에서 가장 변화가 심한 모양을 가질 것을 예상할 수 있습니다. 또한 매쓰매티카(Mathematica)의 FindRoot 함수를 사용하여 누적확률이 $1-2.5\%$인 0.975가 되는 z값이 1.95996임을 알 수 있습니다. 표준정규분포 table에서 찾으면 1.96을 얻게 되므로 통상은 1.96으로 암기하시고 사용하시면 됩니다.

누적확률이 0.975가 되는 z값이 1.96임을 알 수 있습니다.

1.2. 중심극한정리(Central Limit Theorem)

앞 절에서 정규분포의 성실을 배웠는데 우리가 다루는 모집단의 분포들이 모두 정규분포를 하는 것은 아닙니다. 다행히 이런 경우에도 중심극한정리로 표현되는 어떤 조건이 만족되면 그 확률 변수가 정규분포를 하는 성질이 있습니다.

[Central Limit Theorem]

Let the random variable $Y=X_1+X_2+\cdots+X_n$ where $X_1, X_2, \ldots, X_n$ are identically distributed independent random variables, each having mean μ and finite variance σ^2. Then the distribution of $N=\dfrac{Y-n\mu}{\sqrt{n}\,\sigma}$ approaches the normal distribution with mean 0 and variance 1 as n becomes infinite.[4]

이 정리의 특징은 합해지는 확률변수(random variable)의 분포에 관계없이 확률변수의 합은 근사적으로 정규분포를 따른다는 것으로 확률에 관한 법칙 중에서 가장 중요하게 인식되고 있습니다. 이러한 사실은 실제 문제를 다룰 때 많은 사회 현상을 정규분포에 의해서 분석할 수 있는 정당성을 제시해 줍니다. [1]

중심극한정리는 확률변수의 합 Y가 기댓값 $n\mu$, 표준편차 $\sqrt{n}\,\sigma$를 갖는 정규분포를 하다는 것뿐만 아니라 식 (1.2.1)의 변환에 따라서 확률변수의 합을 n으로 나눈 값, 즉 표본평균

$$\overline{X}=\frac{X_1+X_2+\cdots+X_n}{n}$$

도 평균 μ, 표준편차 $\sigma/\sqrt{n}$를 갖는 정규분포를 한다고 바꾸어 말할 수 있습니다. [1]

$$\frac{Y-n\mu}{\sqrt{n}\,\sigma}=\frac{\overline{X}-\mu}{\sigma/\sqrt{n}} \quad \cdots\cdots (1.2.1)$$

중심극한정리는 샘플의 수가 많아질수록 표준편차가 $\frac{1}{\sqrt{n}}$로 감소하므로 샘플 평균의 값이 모집단의 평균에 가까이 가면서 모여지는 현상을 설명합니다.

모집단의 분포에 관계없이 샘플 평균의 분포가 정규분포를 하는 모양을 시뮬레이션을 통해서 알아보기로 합니다. [그림 1.2.1]과 같은 쌍봉 직각삼각형분포를 하는 모집단에서 n개의 샘플을 취해 평균을 구하는 과정을 10,000회 반복했을 때 평균의 분포를 알아봅니다.

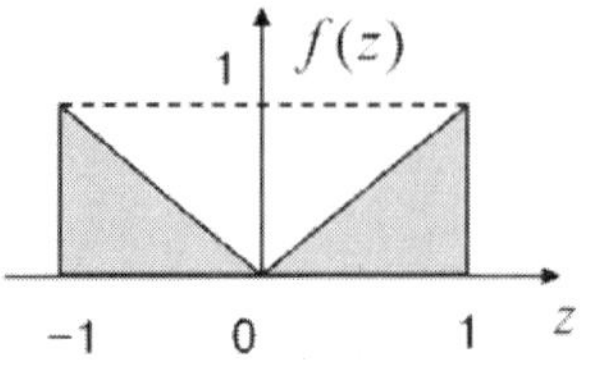

[그림 1.2.1] 쌍봉 직각삼각형 모양의 모집단 분포

[그림 1.2.2]에 [그림 1.2.1]과 같은 쌍봉형 직각 삼각형 모양의 모집단에서 샘플을 n개 취한 평균을 10,000회 구해서 히스토그램을 그렸습니다. 샘플의 개수 n이 증가함에 따라서 분포의 모양이 종형으로 변하며 정규분포의 모양을 갖는 것을 알 수 있습니다.

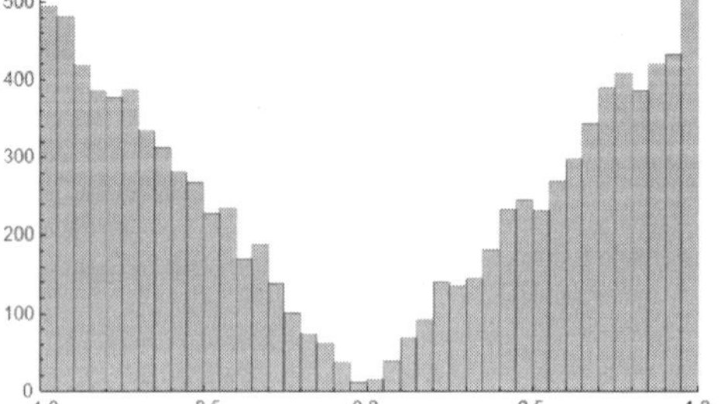

(a) $n=1$, 표준편차$=0.707(\sigma^2=\frac{1}{2})$

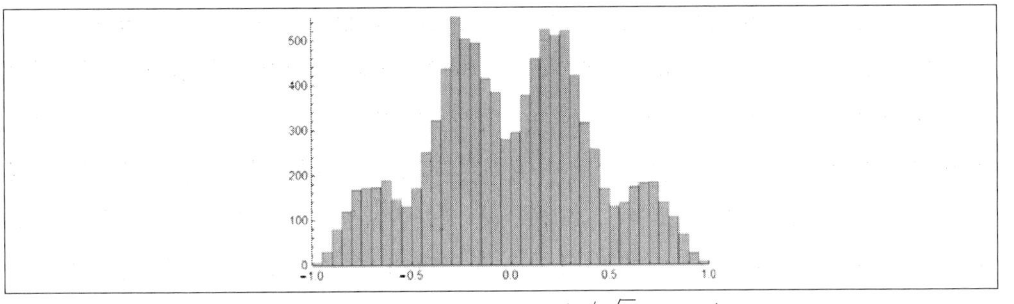

(b) $n=3$, 표준편차$=0.411(\sigma/\sqrt{3}=0.408)$

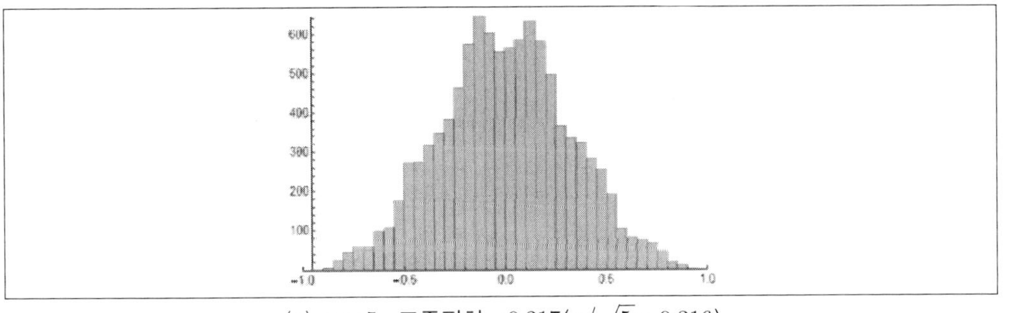

(c) $n=5$, 표준편차$=0.317(\sigma/\sqrt{5}=0.316)$

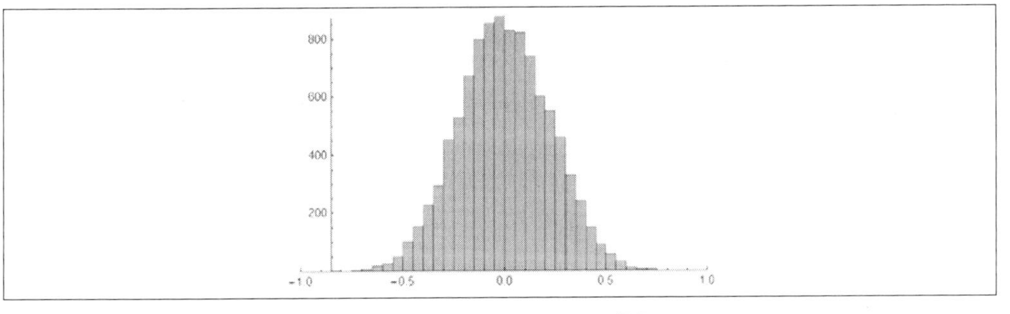

(d) $n=10$, 표준편차$=0.224(\sigma/\sqrt{10}=0.224)$

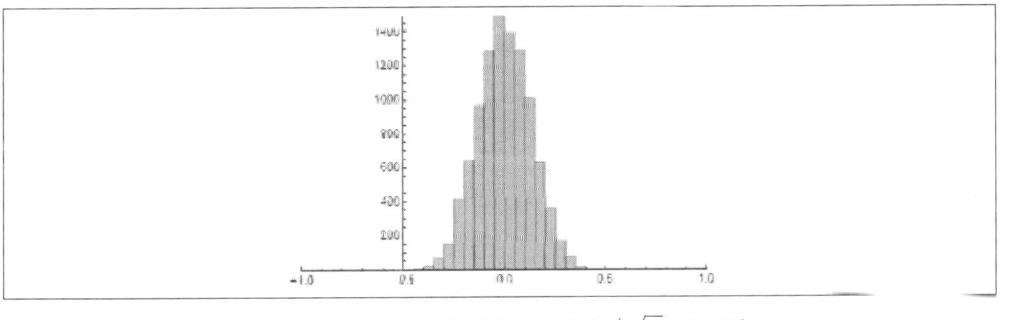

(e) $n=30$, 표준편차$=0.130(\sigma/\sqrt{n}=0.129)$

[그림 1.2.2] 모집단의 분포에 관계없이 n개 샘플의 평균은 n이 커지면 근사적으로 정규분포를 따릅니다.

[그림 1.2.3]에 [그림 1.2.2]의 (c)의 방식으로 샘플 5개의 평균을 만 회 실시한 히스토그램을 정규화하여 표준정규분포와 자유도 4[2]의 Student t분포와 같이 표시하였습니다. 저자가 이 그래프를 추가한 이유는 이 자료 작성 시 Student t분포의 개념을 잘 이해하지 못하여 5개 샘플의 평균의 분포가 Student t분포를 할지도 모른다고 생각하여 그래프를 그려 보았습니다. 그러나 본 시뮬레이션 결과 5개 샘플의 평균은 정규분포를 한다는 것을 알게 되었고 이후 n개 샘플의 평균과 표준편차에 의한 모집단 평균 추정 시 Student t분포가 만들어지는 과정을 이해하게 되었습니다.

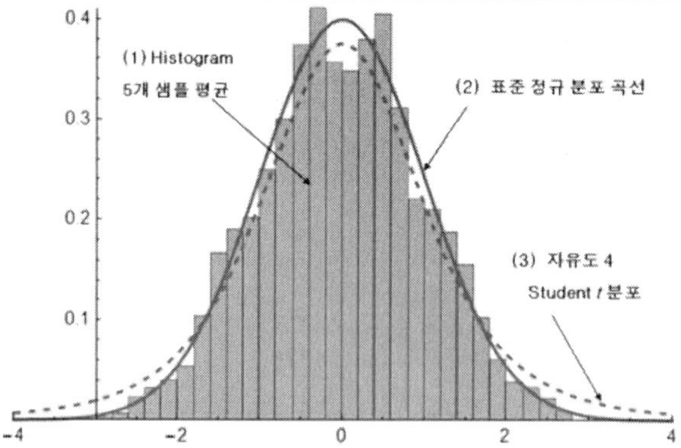

(1) 쌍봉 직각삼각형 모집단에서 샘플 5개를 취한 평균을 만 회 실시한 Histogram을 정규화 함.
(2) 표준정규분포
(3) 자유도 4의 Student t분포

[그림 1.2.3] 샘플 평균의 분포

1.3 모집단 평균의 추정(σ known)

먼저 표준정규분포의 특성을 알아보기로 합니다. [그림 1.3.1]에 표준정규분포의 그래프를 그렸습니다. 원점을 중심으로 종 모양으로 좌우 대칭이며 그래프의 가로축과의 면적은 1이 됩니다. 여기서 $z_{\alpha/2}$라는 기호는 z값이 이 값($z_{\alpha/2}$)보다 큰 값을 가질 확률이 $\alpha/2$라는 뜻입니다. 이를 수식으로 표현하면 식 (1.3.1)과 같습니다.

$$P(z > z_{\alpha/2}) = \alpha/2 \quad \cdots\cdots (1.3.1)$$

2) Student t분포의 자유도가 샘플 개수 5개보다 하나 적은 4인 이유는 2장 5절 S와 σ의 관계를 참조 바랍니다.

여기서 α가 아니라 $\alpha/2$를 사용하는 이유는 표준정규분포가 좌우 대칭이기 때문에 좌측으로 $-z_{\alpha/2}$보다 적은 값을 가질 확률도 $\alpha/2$가 되어 중심에서 $|z_{\alpha/2}|$보다 멀리 떨어진 부분의 면적이 α가 되도록 하기 위함입니다. 예를 들어서 $\alpha = 0.05$라면 [그림 1.3.1]에서 진한 회색 부분의 면적이 좌우 합쳐서 0.05가 된다는 의미입니다. 이를 수식으로 표현하면 식 (1.3.2)와 같습니다.

$$P(z > |z_{\alpha/2}|) = \alpha \quad \cdots\cdots (1.3.2)$$

식 (1.3.2)는 식 (1.3.3)과 같이 표현할 수도 있습니다.

$$P(-z_{\alpha/2} \le z \le z_{\alpha/2}) = 1 - \alpha \quad \cdots\cdots (1.3.3)$$

우리가 $\alpha = 0.05$로 두면 $1 - \alpha = 0.95$, 즉 95 %가 $-z_{\alpha/2} \le z \le z_{\alpha/2}$ 범위에 존재한다고 말할 수 있습니다. 표준정규분포에서 $z_{\alpha/2} = z_{0.05/2} = 1.9599.. \simeq 1.96$임이 알려져 있습니다.

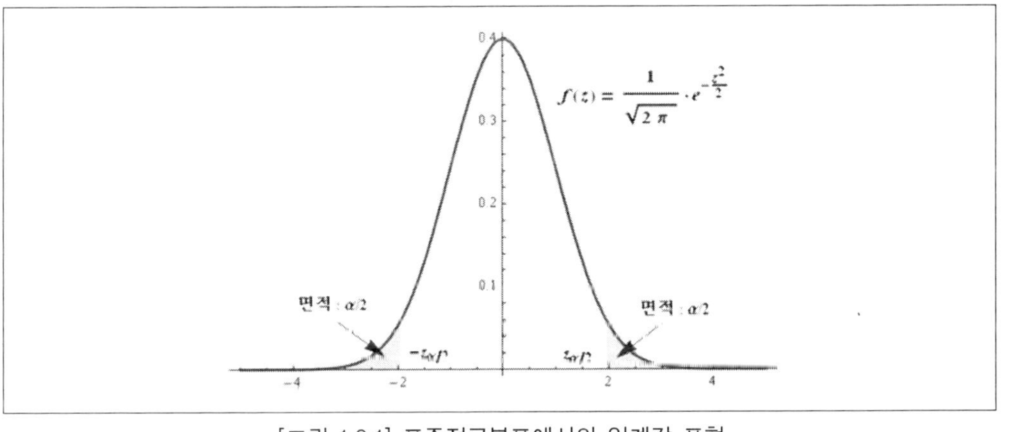

[그림 1.3.1] 표준정규분포에서의 임계값 표현

앞 절에서 샘플의 평균은 평균 μ, 표준 편차 $\sigma/\sqrt{n}$을 갖는 정규분포를 한다는 사실을 배웠습니다.

[그림 1.3.2]에 $\mu = 100$, $\sigma = 10$의 모집단에서 4개의 샘플을 취한 경우 샘플 평균의 분포를 그렸습니다. 정규분포이므로 샘플 평균의 95 %는 $\mu \pm 1.96 \cdot (\sigma/\sqrt{4})$[3] 범위 내

에 있게 됩니다. 이를 수식으로 표현하면 식 (1.3.4)와 같습니다.

$$P\left(-z_{\alpha/2} \le \frac{\overline{X}-\mu}{\sigma/\sqrt{4}} \le z_{\alpha/2}\right) = 1-\alpha = 0.95$$

$$P\left(\mu - z_{\alpha/2}\cdot\frac{\sigma}{\sqrt{4}} \le \overline{X} \le \mu + z_{\alpha/2}\cdot\frac{\sigma}{\sqrt{4}}\right) = 0.95$$

$$P\left(\mu - 1.96\cdot\frac{\sigma}{\sqrt{4}} \le \overline{X} \le \mu + 1.96\cdot\frac{\sigma}{\sqrt{4}}\right) = 0.95 \quad\cdots\cdots\cdots\cdots \quad (1.3.4)$$

식 (1.3.4)를 μ에 대해서 정리하면 식 (1.3.5)와 같이 됩니다.

$$P\left(\overline{X} - 1.96\cdot\frac{\sigma}{\sqrt{4}} \le \mu \le \overline{X} + 1.96\cdot\frac{\sigma}{\sqrt{4}}\right) = 0.95 \quad\cdots\cdots\cdots\cdots \quad (1.3.5)$$

즉, 구간 $\overline{X} \pm 1.96\cdot\sigma/\sqrt{4}$ 범위 내에 모집단의 평균 μ가 있을 확률이 95 %가 됩니다.

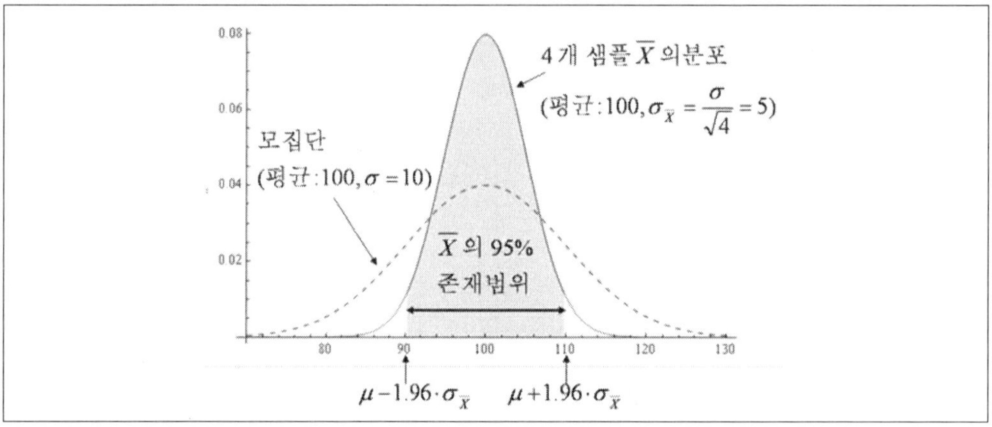

[그림 1.3.2] 샘플 평균의 분포

모집단의 표준 편차 σ를 아는 경우에는 식 (1.3.5)를 이용하여 n개 샘플의 평균으로부터 모집단의 평균이 어느 범위에 있을 것이라고 추정을 할 수 있습니다. 그러나 일반적인 경우에 우리는 모집단의 표준편차 σ는 모르고 단지 샘플의 표준편차 S를

3) 1.96은 정규분포에서 $\alpha = 0.05$일 때 $z_{\alpha/2} = 1.96$으로부터 나온 숫자입니다.

알 수 있습니다. 따라서 샘플의 표준 편차 S를 이용하여 모집단의 평균을 추정하기 위해서 1장 5절에서 σ와 S의 관계를 알아보기로 하고 다음 절에서 카이제곱분포의 개념부터 설명 드립니다.

1.4 카이제곱분포 개념

아빠가 아들의 통계 이해를 돕기 위해 다음과 같은 제안을 하였습니다. 표준정규분포를 하고 있는 모집단에서 sample을 4번 취해서 각각의 값을 제곱한 후 모두 합해서 4 이상이 되면 아빠가 아들에게 피자를 사주기로 하였습니다. 그게 안 되면 아들은 그 시간만큼 공부를 하기로 하였습니다. 누가 이길 확률이 더 높을까요?

한번 시뮬레이션을 해 보기로 합니다. 여러분도 엑셀을 열어서 다음 작업을 해 보세요.

먼저 셀 하나를 선택해서 "=rand()"를 입력하고 엔터를 치면 0부터 1 사이의 random number가 나타납니다. 다음 그 셀의 오른쪽에 "=normsinv(셀주소)"를 쓰면 sample을 하나 얻을 수 있습니다. 다음 그 셀의 오른쪽에 왼쪽 셀 값의 제곱을 쓰게 합니다. 이렇게 한 행을 만든 것을 똑같은 방법으로 4개의 행을 만들고 맨 밑에 sample 제곱의 합을 적어 보세요.

[표 1.4.1] 피자 내기

=rand()	=NORMSINV(A2)	(sample)^2
0.206	−0.820	0.673
0.194	−0.863	0.745
0.095	−1.309	1.713
0.592	0.232	0.054
sum		3.185

제가 한 실험을 [표 1.4.1]에 나타내었습니다. 아들은 sample값을 −0.82, 0.86, −1.3, −0.23과 같이 4개를 얻어서 sample 제곱의 합이 4를 넘지 못했습니다. 이제 아들은 3.2시간 공부를 해야 하네요.

지금 설명 드린 예를 조금 고급스럽게 표현하면 다음과 같이 됩니다.

표준정규분포를 하고 있는 모집단으로부터 n개의 샘플을 선택하여 각각

$$z_1,\ z_2,\ \ldots,\ z_n$$

라고 하자. 자유도(degree of freedom) n의 카이제곱분포(chi-square distribution)는

$$z_1^2+z_2^2+\cdots+z_n^2$$

의 값의 확률분포를 나타냅니다.

자유도 4의 카이제곱분포를 그림으로 그리면 [그림 1.4.1]과 같이 되고 엑셀을 이용해서 1000개의 sample을 만들어서 시뮬레이션 한 결과의 일부를 [표 1.4.2]와 같이 그려 놓았습니다.

[표 1.4.2] 카이제곱분포 시뮬레이션 과정

순번	1	2	3	4	5	6	7	8	9	10
rand()	0.885	0.273	0.830	0.986	0.657	0.818	0.018	0.593	0.007	0.542
rand()	0.150	0.258	0.302	0.998	0.457	0.005	0.740	0.888	0.576	0.588
rand()	0.859	0.027	0.990	0.902	0.473	0.237	0.786	0.273	0.167	0.102
rand()	0.150	0.782	0.919	0.178	0.182	0.166	0.587	0.516	0.397	0.389
z_1	1.202	−0.602	0.952	2.197	0.404	0.909	−2.093	0.236	−2.463	0.105
z_2	−1.037	−0.649	−0.520	2.960	−0.108	−2.608	0.645	1.215	0.192	0.223
z_3	1.077	−1.927	2.311	1.291	−0.068	−0.715	0.791	−0.602	−0.967	−1.270
z_4	−1.037	0.778	1.396	−0.922	−0.908	−0.971	0.219	0.041	−0.260	−0.281
z_1^2	1.444	0.363	0.907	4.825	0.163	0.827	4.381	0.055	6.066	0.011
z_2^2	1.075	0.421	0.270	8.759	0.012	6.800	0.416	1.477	0.037	0.050
z_3^2	1.159	3.713	5.339	1.665	0.005	0.511	0.626	0.363	0.936	1.612
z_4^2	1.076	0.605	1.950	0.850	0.825	0.943	0.048	0.002	0.068	0.079
sum of z_i^2	4.754	5.102	8.465	16.100	1.004	9.082	5.471	1.897	7.106	1.752

아들이 피자를 먹을 수 있는 확률을 알아보기 위해서 [그림 1.4.2]에 카이제곱분포와 함께 누적분포를 그려 보았습니다. 점선은 [그림 1.4.1]에서와 동일한 카이제곱분포이며 실선은 점선상의 점들의 가로축 값(카이제곱) 이상이 될 확률을 나타냅니다. 예를 들어서 카이제곱이 4일 때 실선 값은 0.4를 가리키는데 이 뜻은 자유도 4의 카이제곱분포에서 카이제곱 값(가로축 값)이 4 이상이 될 확률이 0.4라는 것을 의미합니다. 이는 [그림 1.4.2]에서 회색 부분의 면적에 해당합니다. 따라서 카이제곱 값이 4 이상이 되어서 아들이 피자를 먹을 확률은 40 % 정도임을 알 수 있습니다.

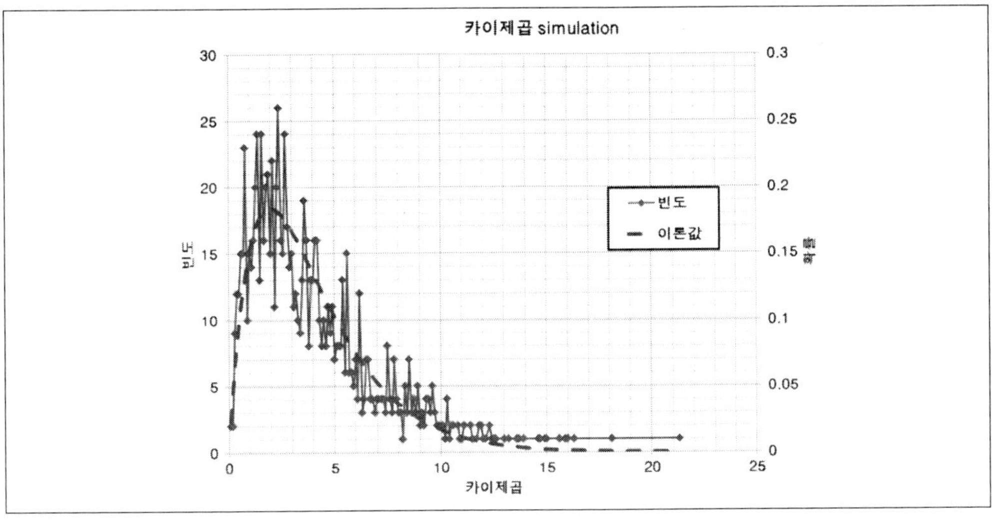

[그림 1.4.1] 카이제곱분포 시뮬레이션 결과(자유도 4)

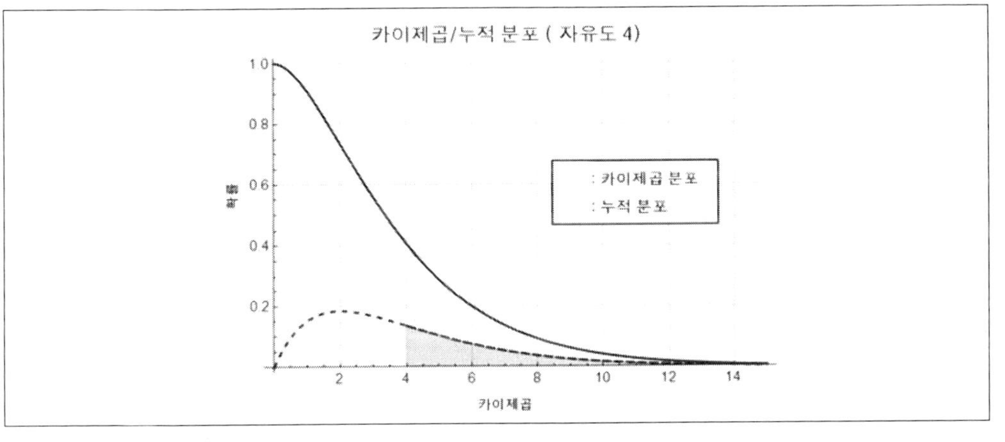

[그림 1.4.2] 카이제곱 누적 그래프

우리가 카이제곱분포를 배워야 하는 이유는 평균이 μ이고 표준편차가 σ인 모집단에서 n개의 sample을 취했을 때 표본의 표준편차 S를 이용한 다음 식이 자유도 $(n-1)$의 카이제곱분포를 하는 특성을 가지고 있으며, t분포와 함께 표본 통계량으로부터 모집단의 평균 μ, 표준편차 σ를 추정하는 데 사용하기 때문입니다.

$$\frac{(n-1)\cdot S^2}{\sigma^2} \cdots\cdots (1.4.1)$$

표준편차 추정은 뒷 절에서 공부하기로 합니다.

1.5 S와 σ의 관계 : $(n-1)\cdot\frac{S^2}{\sigma^2}=\chi^2_{n-1}$

이 절에서는 n개 샘플의 표준편차

$$S=\sqrt{\frac{\sum_{i=1}^{n}(X_i-\overline{X})^2}{n-1}}$$

을 구했을 때

$$(n-1)\cdot\frac{S^2}{\sigma^2}$$

이 자유도 $(n-1)$의 카이제곱분포를 한다는 사실을 설명해 드리고자 합니다.

[그림 1.5.1]에 샘플과 변동의 관계 그림을 그렸습니다. 상부에 있는 그림은 평균 μ, 표준편차 σ인 정규분포를 하는 모집단에서 n개의 샘플을 취하는 모양을 나타냅니다. 그림에서는 설명의 편의를 위하여 4개의 샘플을 취하는 모양을 나타내었습니다. 등호 좌변은 모집단 평균에 대한 변동을 나타냅니다. 등호 우변은 샘플의 평균에 대한 변동과 샘플 평균이 모집단 평균과 떨어진 변동의 합으로 좌변과 우변이 등호가 성립함을 보입니다.

(이 부분 등식은 "Appendix 07. 모집단 평균에 대한 변동과 표본 평균에 대한 변동의 관계"에 유도하였습니다. 중요한 공식이므로 그 원리를 꼭 이해하시는 것이 통계 이해에 도움이 되리라고 생각합니다)

식의 양변을 σ^2으로 나누면 하부에 있는 그림의 식들이 되는데 좌변은 자유도 4의 카이제곱분포이고, 우변의 두 번째 항은 자유도 1의 카이제곱분포이기 때문에 식 (1.5.1)과 같이 우변의 첫째항은 자유도 $(4-1)=3$의 카이제곱분포가 된다는 결론입니다.

$$(n-1)\cdot\frac{S^2}{\sigma^2}=\chi^2_{n-1} \quad\cdots\cdots\cdots (1.5.1)$$

이 식의 양변을 자유도로 나눈 식 (1.5.2)는 카이제곱분포를 자유도로 나눈 값이 표본 분산과 모집단 분산의 비가 된다는 의미를 가지며 “Appendix 03. t분포와 카이제곱분포의 관계”와 “Appendix 04. F분포 만들기”에서 중요하게 사용됩니다.

$$\frac{S^2}{\sigma^2} = \frac{\chi^2_{n-1}}{n-1} \cdots\cdots (1.5.2)$$

카이제곱의 가법적 성질은 다른 통계 교재를 참고 바라며 저자 개인의 느낌으로는 카이제곱의 정의로부터 자연스럽게 느낄 수 있다고 생각합니다. 즉, 자유도 n의 카이제곱은 n개의 샘플에 대해서

$$\sum_{i=1}^{n} z_i^2 = z_1^2 + z_2^2 + \cdots + z_n^2$$

한 것이고, 자유도 m의 카이제곱은

$$\sum_{i=1}^{m} z_i^2 = z_1^2 + z_2^2 + \ldots + z_m^2$$

이므로 자유도 $(n+m)$의 카이제곱은

$$\sum_{i=1}^{n+m} z_i^2 = z_1^2 + z_2^2 + \cdots + z_{(n+m)}^2$$

이 될 것입니다.

평균 μ 표준편차 σ라고 알고 있는 모집단에서 4개의 샘플을 취했을 때

$$1\text{열에는 } \sum_{i=1}^{4}\left(\frac{X_i-\mu}{\sigma}\right)^2,\ 2\text{열에는 } \sum_{i=1}^{4}\left(\frac{X_i-\overline{X}}{\sigma}\right)^2,\ 3\text{열에는 } \sum_{i=1}^{4}\left(\frac{\overline{X}-\mu}{\sigma/\sqrt{4}}\right)^2$$

을 계산해서 기록하는 것을 만 회 반복했을 때 각 열의 값의 히스토그램을 그리면 [그림 1.5.2]와 같이 됩니다. 이해를 돕기 위해서 자유도 4, 3, 1의 카이제곱분포의 이론값을 비교하여 그렸습니다.

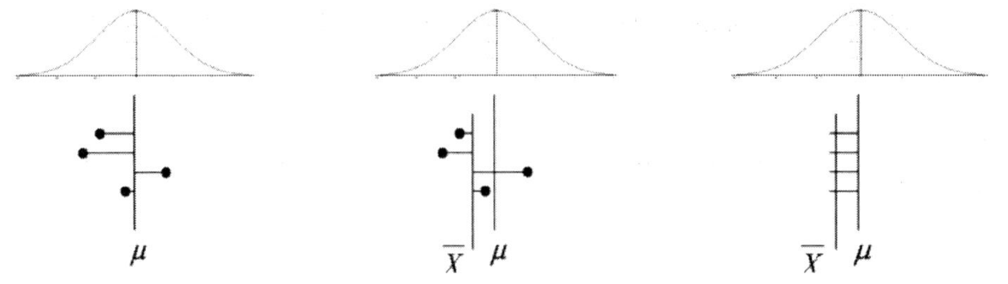

$$\sum_{i=1}^{n}(X_i-\mu)^2 \quad = \quad \sum_{i=1}^{n}(X_i-\overline{X})^2 \quad + \quad n\cdot(\overline{X}-\mu)^2$$

양변을 σ^2으로 나누면

$$\sum_{i=1}^{n}\left(\frac{X_i-\mu}{\sigma}\right)^2=\sum_{i=1}^{n}Z_i^{\,2} \qquad \frac{\sum_{i=1}^{n}(X_i-\overline{X})^2}{\sigma^2}=\frac{(n-1)\cdot S^2}{\sigma^2} \qquad n\cdot\left(\frac{\overline{X}-\mu}{\sigma}\right)^2=\left(\frac{\overline{X}-\mu}{\sigma/\sqrt{n}}\right)^2=Z$$

$$\chi^2(n) \quad = \quad \chi^2(n-1) \quad + \quad \chi^2(1)$$

[그림 1.5.1] 샘플과 변동의 관계 1

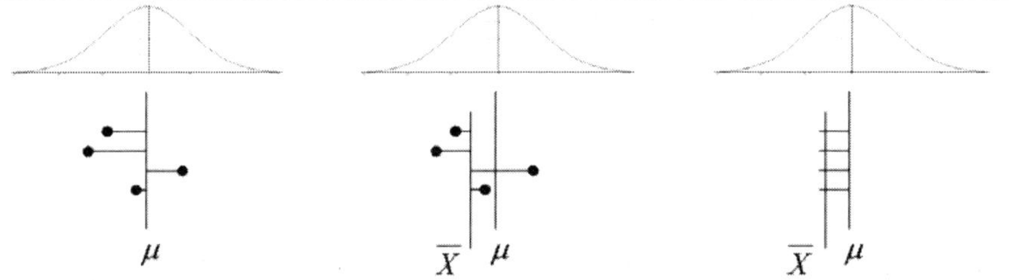

$$\sum_{i=1}^{n}\left(\frac{X_i-\mu}{\sigma}\right)^2 \quad = \quad \sum_{i=1}^{n}\left(\frac{X_i-\overline{X}}{\sigma}\right)^2 \quad + \quad \left(\frac{\overline{X}-\mu}{\sigma/\sqrt{n}}\right)^2$$

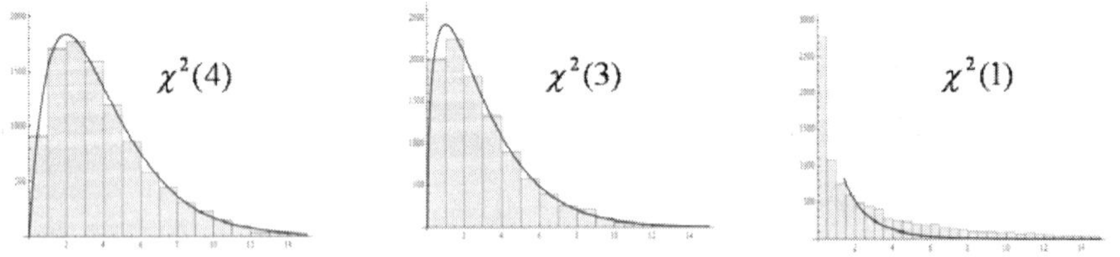

[그림 1.5.2] 샘플과 변동의 관계 2

1.6 Student t분포 발생 과정

1.3절에서 모집단 평균을 추정하는 경우 중심극한정리에 의해서 식 (1.6.1)을 이용해서 샘플의 평균으로부터 모집단의 평균을 추정하였습니다.

$$\frac{\overline{X}-\mu}{\sigma/\sqrt{n}} \sim N(0,\ 1^2)=Z \cdots\cdots (1.6.1)$$

만일 σ를 안다면 $\overline{X}$, n, $N(0,\ 1^2)$을 이용하여 모집단 평균 μ를 추정할 수 있는데 일반적으로 σ는 잘 알려져 있지 않고 샘플의 표준편차 S만이 가능한 경우가 많습니다. σ를 모르고 S를 아는 경우 앞 절에서 배운 S와 σ의 관계 식 (1.5.1)을 이용하여 모집단 평균 μ를 추정하고자 합니다.

식 (1.5.1)을 식 (1.6.2)와 같이 변형해 봅니다. 자유도가 카이제곱의 인수가 아니라 별도의 변수로 함께 사용되기 때문에 카이제곱의 자유도를 밑 첨자로 표기하여 명확히 합니다.

$$(n-1)\cdot\frac{S^2}{\sigma^2}=\chi^2_{n-1}$$

$$\Rightarrow S^2 \sim \sigma^2\cdot\chi^2_{n-1}/(n-1)$$

$$\Rightarrow S \sim \sigma\cdot\sqrt{\chi^2_{n-1}/(n-1)} \cdots\cdots (1.6.2)$$

식 (1.6.1)의 σ 대신에 S를 내입하면,

$$\frac{\overline{X}-\mu}{S/\sqrt{n}} \sim \frac{\overline{X}-\mu}{\sigma/\sqrt{n}}\cdot\frac{1}{\sqrt{\chi^2_{n-1}/(n-1)}} \sim \frac{Z}{\sqrt{\chi^2_{n-1}/(n-1)}} \sim t_{n-1} \cdots\cdots (1.6.3)$$

식 (1.6.3)과 같이 $\frac{\overline{X}-\mu}{S/\sqrt{n}}$이 Z분포를 $\sqrt{\chi^2_{n-1}/(n-1)}$로 나눈 확률분포를 갖는데 이를 Student t분포(Student t distribution)라 합니다.

"Appendix 3. t분포와 카이제곱분포의 관계"에서 Z분포를 $\sqrt{\chi^2_{n-1}/(n-1)}$ 로 나누어 t분포가 만들어지는 과정을 설명하였습니다. 단순히 수식으로 증명한 것이 아니라 Z분포와 카이제곱분포의 그래프를 이용하여 제곱근을 구하거나 나누는 과정을 설명하였기 때문에 의미를 파악하는 데 도움이 되리라고 생각합니다.

Student t분포가 Z분포와 다른 점을 [그림 1.6.1], [그림 1.6.2]를 통해서 알아봅니다. [그림 1.6.1]에 자유도 3의 t분포와 Z분포를 같이 그렸는데 t분포는 Z분포보다 중앙의 확률이 낮으면서 좌우로 넓게 퍼진 모양을 가집니다. 그러나 자유도가 커질수록 Z분포와 비슷해집니다.

```
Plot[{PDF[NormalDistribution[0, 1], x], PDF[StudentTDistribution[3], x]},
 {x, -4, 4}, PlotStyle → {Dashed, Thin}]
```

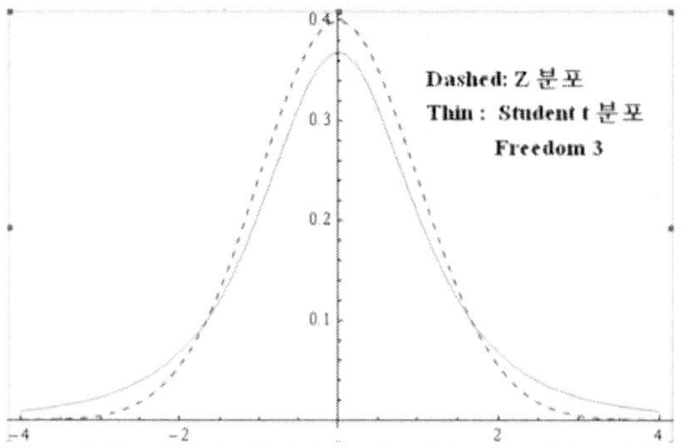

[그림 1.6.1] Z분포와 Student t분포의 비교 1

따라서 그림 1.6.2 에서 보듯이 Z분포는 표준편차의 ± 1.96 범위 내에 95 % 이상이 포함되는 데 반해 자유도 3의 t분포는 표준편차의 ± 3.18 범위까지 넓게 분포하는 성질이 있습니다.

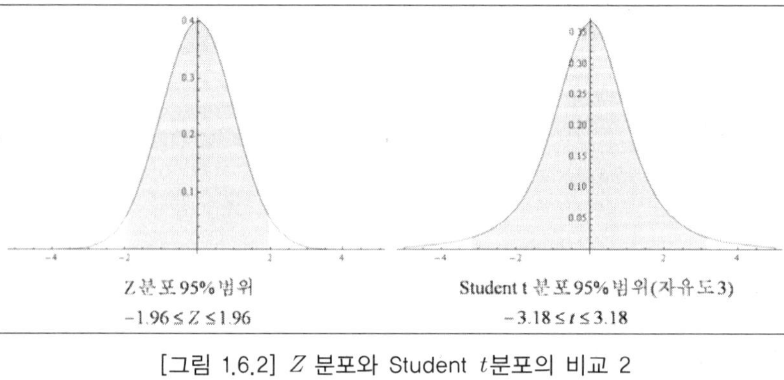

[그림 1.6.2] Z 분포와 Student t분포의 비교 2

1.7 모집단 평균의 추정(σ unknown)

모집단으로부터 n개의 샘플을 취해 그 평균 $\overline{X}$, 표준편차 S를 얻었을 때 모집단의 평균을 추정해 봅니다.

식 (1.6.3)으로부터 $\dfrac{\overline{X}-\mu}{S/\sqrt{n}}$은 t분포를 하므로 샘플 평균의 95%는 식 (1.7.1)을 만족합니다.

$$P\left(-t_{\alpha/2,\,n-1} \le \frac{\overline{X}-\mu}{S/\sqrt{n}} \le t_{\alpha/2,\,n-1}\right) = 1-\alpha = 0.95 \quad \cdots\cdots (1.7.1)$$

식 (1.7.1)을 변형하여 식 (1.7.2)와 같이 만들면 μ의 값이 95% 이상 존재할 범위를 구할 수 있습니다.

$$P\left(-t_{\alpha/2,\,n-1} \le \frac{\overline{X}-\mu}{S/\sqrt{n}} \le t_{\alpha/2,\,n-1}\right) = 1-\alpha = 0.95$$

$$P\left(-t_{\alpha/2,n-1}\cdot S/\sqrt{n} \le \overline{X}-\mu \le t_{\alpha/2,n-1}\cdot S/\sqrt{n}\right) = 0.95$$

$$P\left(-\overline{X}-t_{\alpha/2,\,n-1}\cdot S/\sqrt{n} \le -\mu \le -\overline{X}+t_{\alpha/2,\,n-1}\cdot S/\sqrt{n}\right) = 0.95$$

$$P\left(\overline{X}+t_{\alpha/2,\,n-1}\cdot S/\sqrt{n} \ge \mu \ge \overline{X}-t_{\alpha/2,\,n-1}\cdot S/\sqrt{n}\right) = 0.95$$

$$P\left(\overline{X}-t_{\alpha/2,\,n-1}\cdot S/\sqrt{n} \le \mu \le \overline{X}+t_{\alpha/2,\,n-1}\cdot S/\sqrt{n}\right) = 0.95 \quad \cdots\cdots (1.7.2)$$

식 (1.7.2)를 말로 표현하면 신뢰수준 95%로 모집단의 평균이 존재할 신뢰구간은 식 (1.7.3)과 같습니다.

$$\overline{X}-t_{\alpha/2,\,n-1}\cdot\frac{S}{\sqrt{n}} \le \mu \le \overline{X}+t_{\alpha/2,\,n-1}\cdot\frac{S}{\sqrt{n}} \quad \cdots\cdots (1.7.3)$$

1.8 모집단 표준편차의 추정

식 (1.4.1)과 [표 1.4.2]에서 얻은 시뮬레이션 결과를 이용해서 모집단의 표준편차를 추정해 보기로 합니다. 여기서 식 (1.5.1)을 다시 써 보면

$$(n-1)\cdot\frac{S^2}{\sigma^2}=\chi^2_{n-1} \quad \cdots\cdots (1.8.1)$$

이 됩니다. 샘플의 분산(variance)이 S^2인 data를 기초로 모집단의 분산을 신뢰수준 $100\cdot(1-\alpha)$ %로 추정하면 식 (1.8.2)와 같이 됩니다.

$$\chi^2_{(1-\alpha/2),\,n-1}\le(n-1)\cdot\frac{S^2}{\sigma^2}\le\chi^2_{\alpha/2,\,n-1} \quad \cdots\cdots (1.8.2)$$

식 (1.8.2)를 σ^2에 대해서 정리하면 식 (1.8.3)을 얻습니다.

$$\sigma^2\cdot\frac{\chi^2_{(1-\alpha/2),n-1}}{n-1}\le S^2\le\sigma^2\cdot\frac{\chi^2_{\alpha/2,n-1}}{n-1}$$

$$\frac{(n-1)\cdot S^2}{\chi^2_{\alpha/2,n-1}}\le\sigma^2\le\frac{(n-1)\cdot S^2}{\chi^2_{(1-\alpha/2),n-1}} \quad \cdots\cdots (1.8.3)$$

평균 $\mu=100$, 표준편차 $\sigma=10$인 모집단에서 $n=4$개의 샘플을 취한 결과 평균 $\overline{X}=96.04$, 표준편차 $S=10.68$을 얻었다고 합니다. 샘플 값은 {81.34, 105.05, 95.12, 102.66}이었습니다. 식 (1.8.3)을 이용하여 모집단의 분산을 추정해 보기로 합니다.

$n=4$, $S=10.68$ 신뢰수준 95 %를 적용하고 [그림 1.8.1]에서 볼 수 있듯이 카이제곱 임계값을

$$\chi^2_{0.25,3}=9.35,\ \chi^2_{0.975,3}=0.216$$

로 대입하면 모집단 분산의 신뢰구간은 식 (1.8.4)와 같이 됩니다.

$$\frac{3 \cdot 10.68^2}{9.35} \le \sigma^2 \le \frac{3 \cdot 10.68^2}{0.216}$$

$$36.6 \le \sigma^2 \le 1584.2$$

$$6.05 \le \sigma \le 39.8 \quad \cdots\cdots (1.8.4)$$

식 (1.8.4)의 결과를 보면 분산의 범위가 너무 넓어서 모집단의 분산이 얼마인지 예측하기 힘듭니다.

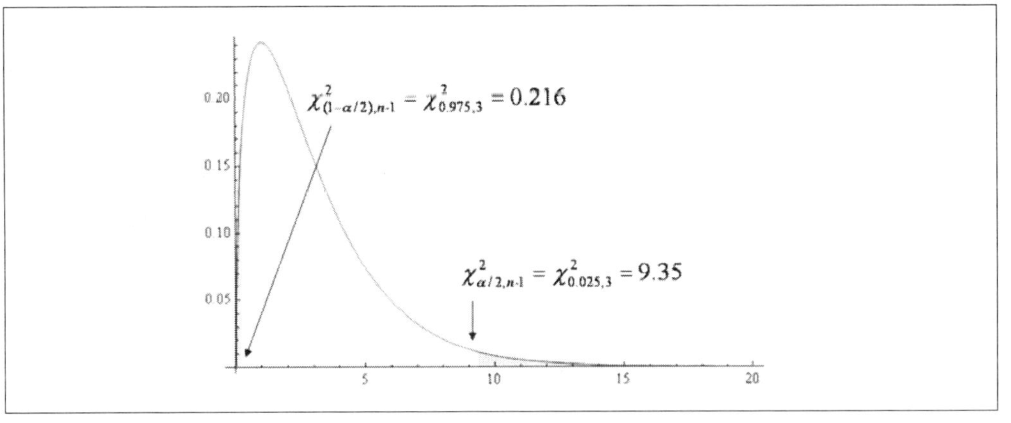

[그림 1.8.1] 자유도 3 카이제곱 분포의 임계값

분산의 신뢰구간이 너무 넓어 계산이 무의미한 느낌이 듭니다. 표준 편차로 환산했을 때 오차가 ±20% 정도가 되기 위해서는 샘플의 개수가 얼마나 되어야 하는지 알아보고자 합니다. 분산의 신뢰구간 공식 식 (1.8.3)에서 n개의 샘플을 측정해서 그 분산 S를 얻었을 때 신뢰구간이 상·하한이 S의 몇 % 정도 되는지 알아봅니다. 식 (1.8.3)을 식 (1.8.5)와 같이 변형해 봅니다.

$$\frac{S^2}{A} \le \sigma^2 \le \frac{S^2}{B}$$

$$단,\ A = \frac{\chi^2_{\alpha/2,\, n-1}}{n-1},\ B = \frac{\chi^2_{(1-\alpha/2),\, n-1}}{n-1} \quad \cdots\cdots (1.8.5)$$

예를 들어서 샘플의 개수가 30개이면 A, B값은 다음과 같습니다. 신뢰수준 95 %로 하면 $\alpha = 0.05$가 되고 자유도 29인 경우 $\chi^2_{0.025,29} = 45.7$, $\chi^2_{0.975,29} = 16.0$을 대입하면 $A = 1.58$, $B = 0.55$가 됩니다. 이 값을 식 (1.8.5)에 대입하여 정리하면 식 (1.8.6)을 얻습니다.

$$\frac{S^2}{1.55} \le \sigma^2 \le \frac{S^2}{0.55} \Rightarrow \frac{S}{\sqrt{1.55}} \le \sigma \le \frac{S}{\sqrt{0.55}}$$

$$\Rightarrow 0.796 \cdot S \le \sigma \le 1.35 \cdot S \cdots\cdots (1.8.6)$$

샘플을 30개로 하면 구한 표준편차 값에 대해서 신뢰 수준 95 %로 모집단의 표준편차의 신뢰구간이 샘플 표준편차 S의 -20 %, $+35$ % 정도 범위 내에 있다고 말할 수 있게 됩니다. 신뢰구간이 비대칭인 점이 이상하게 느껴지는데 이는 S를 이용해서 σ의 범위를 구했기 때문입니다. 식 (1.8.2)를 식 (1.8.7)과 같이 S를 중심으로 변환하고 30개 샘플의 경우의 A, B값을 대입하고 모집단의 표준 편차를 σ라고 하면 샘플 30개의 표준편차는 신뢰수준 95 %로 모집단 표준 편차의 -26 % $+25$ % 정도 범위 내에 있다고 말할 수 있어 대칭성이 없지 않음을 알 수 있습니다.

$$\frac{\chi^2_{(1-\alpha/2),n-1}}{n-1} \cdot \sigma^2 \le S^2 \le \frac{\chi^2_{\alpha/2,n-1}}{n-1} \cdot \sigma^2$$

$$\Rightarrow B \cdot \sigma^2 \le S^2 \le A \cdot \sigma^2 \Rightarrow \sqrt{B} \cdot \sigma \le S \le \sqrt{A} \cdot \sigma$$

$$\Rightarrow 0.74 \cdot \sigma \le S \le 1.25 \cdot \sigma \cdots\cdots (1.8.7)$$

신뢰구간의 범위를 더 줄이기 위해서는 샘플의 수를 얼마로 해야 할지는 여러분들이 계산할 수 있으리라고 봅니다.

이 의미를 [그림 1.8.2]를 이용해서 한 번 더 설명합니다. 샘플 30개를 취하면 자유도는 $n-1$인 29가 되고 자유도 29의 카이제곱분포는 [그림 1.8.2]와 같이 그려집니다. 이는 표준정규분포를 하고 있는 모집단에서 샘플 29개를 구하고 각각의 제곱을 합한 값이 카이제곱 값이 될 확률을 그래프로 그린 것입니다. 샘플 제곱 29개를 더했을 때 그 값이 45.7 이상이 될 확률은 0.025(2.5 %)이고 16.0 이하가 될 확률도 0.025(2.5 %)라는 의미입니다.

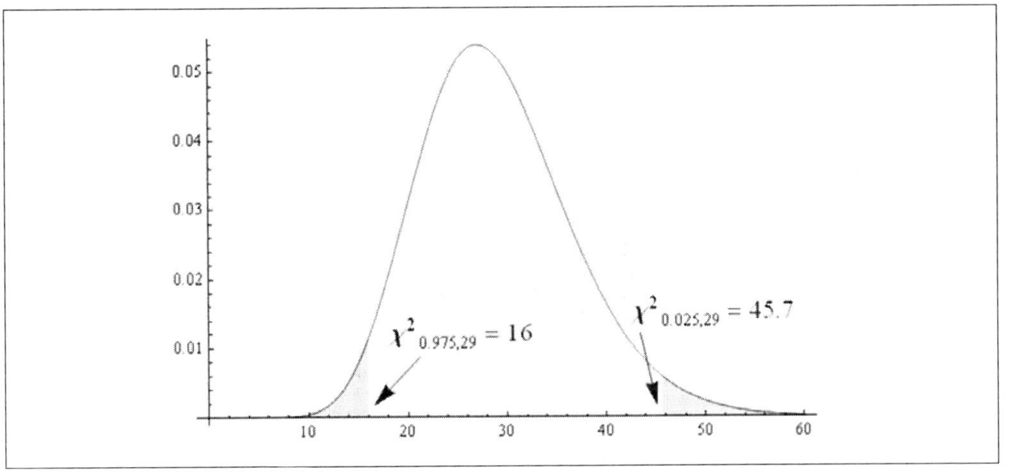

[그림 1.8.2] 자유도 29의 카이제곱분포

1.9 $\overline{X}-S$ 히스토그램

3절(σ known)과 7절(σ unknown)에서 n개 샘플의 평균과 표준편차를 구한 결과를 이용해서 모집단의 평균을 추정하는 과정을 살펴보았습니다.

이 장을 마치면서 강조하는 의미에서 한 번 더 기록합니다. 평균 $\mu=100$, 표준편차 $\sigma=10$인 모집단에서 n개의 샘플을 취해서 그 평균 $\overline{X}$, 표준편차 S를 얻은 경우

가. σ를 아는 경우 : $\dfrac{\overline{X}-\mu}{\sigma/\sqrt{n}} \sim Z \Rightarrow \dfrac{\overline{X}-\mu}{\sigma/\sqrt{n}}$는 표준정규분포를 한다.

나. σ를 모르는 경우 : $\dfrac{\overline{X}-\mu}{S/\sqrt{n}} \sim T \Rightarrow \dfrac{\overline{X}-\mu}{S/\sqrt{n}}$는 Student t분포를 한다.

평균 $\mu=100$, 표준편차 $\sigma=10$인 모집단에서 4개의 샘플을 취해서 그 평균 $\overline{X}$, 표준편차 S를 얻는 과정을 반복회수 10만 회(tryNum=100,000)한 결과를 [그림 1.9.1]에 histogram으로 그렸습니다.

[그림 1.9.2]는 모집단의 표준편차 σ를 아는 경우 표본평균 $\overline{X}$의 분포가 정규분포를 하고 있음을 보여주며 동시에 표본평균 $\overline{X}$를 이용해서 모집단 평균 μ를 추정하는 경우 95 %가 모집단 평균 μ를 포함하는 추정을 하는 것을 보여줍니다. 즉, $\overline{X}$가 B 위치에

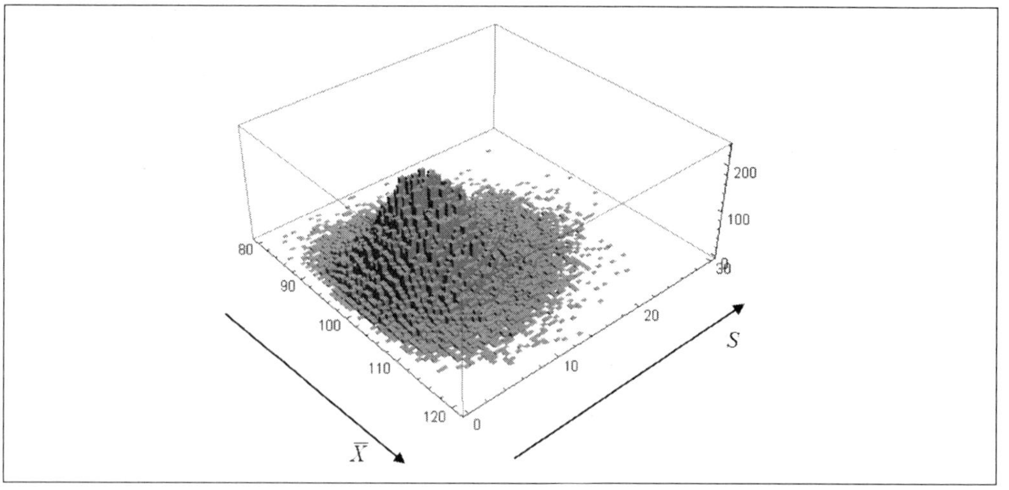

[그림 1.9.1] 10만 개 샘플의 $\overline{X}-S$의 히스토그램

있는 경우 B로부터 $\pm A$ 범위에 모집단 평균이 존재한다고 추정하게 되는데 중앙의 수직선인 모집단 평균을 포함하기 때문에 맞게 추정한 것이 됩니다. 한편 C와 같이 진한 회색 위치에 $\overline{X}$가 존재하는 경우 C로부터 $\pm A$ 범위에는 모집단 평균이 존재하지 않기 때문에 모집단 평균 추정을 잘 못하게 됩니다. 전체 10만 개 중에서 C와 같이 모집단 평균을 잘 못하는 경우가 시뮬레이션상 4,903개가 나왔으며 이는 10만 개의 약 5 %에 해당되어 이론이 맞음을 확인할 수 있었습니다.

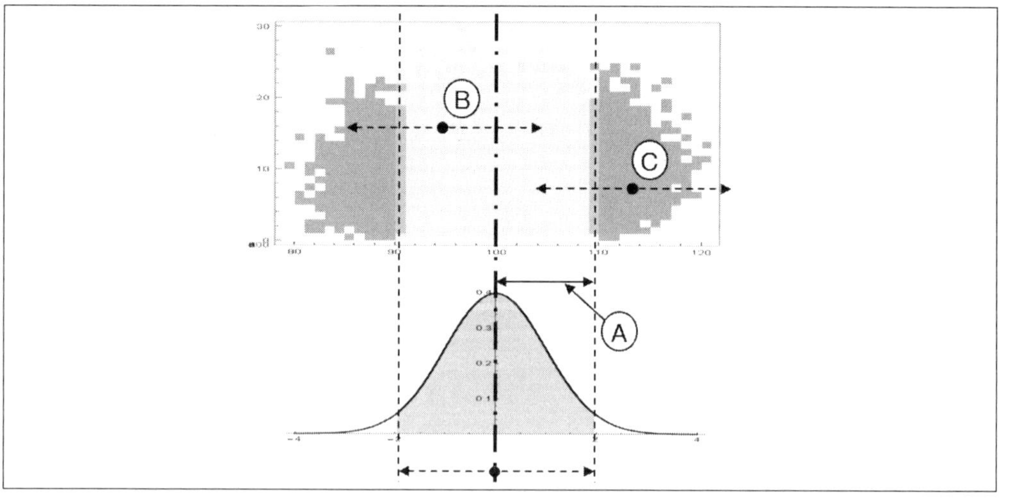

[그림 1.9.2] σ를 아는 경우 $A=z_{\alpha/2}\cdot\sigma/\sqrt{4}$ 인 정규분포

다음 σ를 모르는 경우 샘플의 표준편차 S를 이용해서 모집단 평균을 추정하는 경우에 대해서 알아봅니다.

식 (1.7.3)에서 부등호의 좌우 각 항에 $-\overline{X}-\mu$를 한 뒤 각 항에 (-1)을 곱하면 식 (1.9.1)의 결과를 얻습니다.

$$\text{식 (1.7.3)} \quad : \overline{X}-t_{\alpha/2,\,n-1}\cdot\frac{S}{\sqrt{n}} \le \mu \le \overline{X}+t_{\alpha/2,\,n-1}\cdot\frac{S}{\sqrt{n}} \cdots\cdots (1.9.1)$$

$$+(-\overline{X}-\mu) \quad : -\mu-t_{\alpha/2,\,n-1}\cdot\frac{S}{\sqrt{n}} \le -\overline{X} \le -\mu+t_{\alpha/2,\,n-1}\cdot\frac{S}{\sqrt{n}}$$

$$\times(-1) \quad : \mu+t_{\alpha/2,\,n-1}\cdot\frac{S}{\sqrt{n}} \ge \overline{X} \ge \mu-t_{\alpha/2,\,n-1}\cdot\frac{S}{\sqrt{n}}$$

$$\text{큰값을 우측으로} : \mu-t_{\alpha/2,\,n-1}\cdot\frac{S}{\sqrt{n}} \le \overline{X} \le \mu+t_{\alpha/2,\,n-1}\cdot\frac{S}{\sqrt{n}}$$

식 (1.9.1)에서 우리는 재미있는 현상을 보게 됩니다. 즉, 식 (1.9.1)의 가장 위 식과 마지막 식을 비교해 보면 $\overline{X}$와 μ가 서로 바뀌어 있는 것을 볼 수 있습니다. 이것을 말로 표현하면 마지막 식은

"만일 모집단의 평균이 μ라면 샘플의 평균 $\overline{X}$의 95%는 이 범위에 존재한다."

라는 의미입니다.

식 (1.9.1)의 마지막 식을 이용해서 경계선이 되는 직선의 공식을 만들면 식 (1.9.2) (a), (b)의 같이 됩니다. 그래프를 그리기 위해서 $\alpha=0.05$라고 가정하고 $t_{\alpha/2,3}=3.18$, $n=4$를 대입합니다.

$$\overline{X}=\mu+t_{\alpha/2,n-1}\cdot S/\sqrt{n}=\mu+1.59\cdot S \cdots\cdots (1.9.2\ \text{(a)})$$

$$\overline{X}=\mu-t_{\alpha/2,\,n-1}\cdot S/\sqrt{n}=\mu-1.59\cdot S \cdots\cdots (1.9.2\ \text{(b)})$$

[그림 1.9.3]에 식 (1.9.2) (a), (b)의 직선을 그렸습니다. [그림 1.9.3]은 [그림 1.9.1]의

히스토그램을 상면에서 본 그림입니다. 샘플의 평균 $\overline{X}$이고, 샘플의 표준편차가 S일 때 점 $(\overline{X}, S)$ 로 표현한다면, 점 (100, 0)에서 우상 쪽으로 가는 직선이 식 (1.9.2) (a)의 직선이고 신뢰구간의 상한을 나타내며 좌상 쪽으로 가는 직선이 식 (1.9.2) (b) 직선이며 신뢰구간의 하한을 나타냅니다.

만일 샘플의 표준 편차가 S_1이면 범위 R_1으로 표현되는 모집단 평균 μ에 대해서 $\pm 1.59 \cdot S_1$ 범위 내에, 만일 샘플의 표준편차가 S_2라면 같은 원리로 범위 R_2로 표현되는 모집단 평균 μ에 대해서 $\pm 1.59 \cdot S_2$ 범위 내에 샘플 평균 $\overline{X}$의 95 %가 존재합니다.

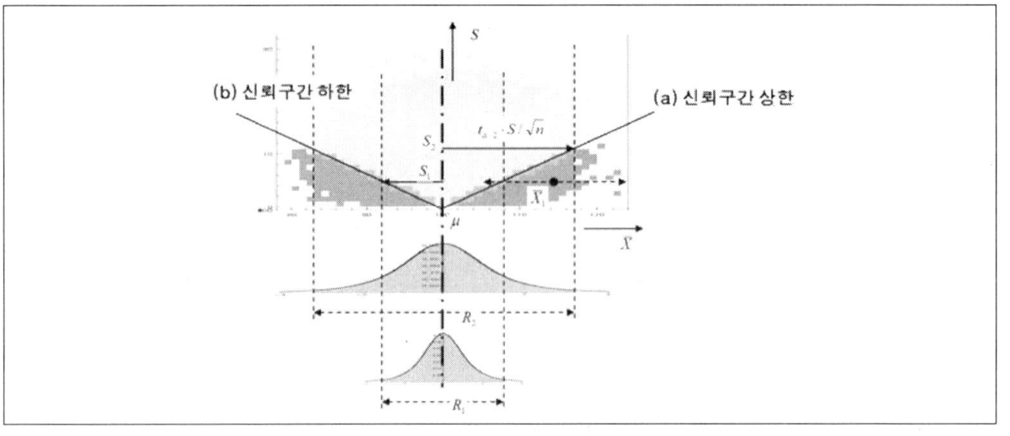

[그림 1.9.3] σ를 모르는 경우 모집단 평균 μ 추정방법

만일 표준편차가 S_1인데 $\overline{X} > \mu + 1.59 \cdot S_1$이어서 [그림 1.9.3]의 진한 회색 부분에 있는 점 $(\overline{X}_1, S_1)$이 되면 모집단의 평균이 $\overline{X}_1 - 1.59 \cdot S_1 \le \mu \le \overline{X}_1 + 1.59 \cdot S_1$ 범위에 있다고 추정할 것이기 때문에 추정 범위 내에 모집단 평균이 존재하지 않게 됩니다. 이러한 경우가 전체 10만 번 수행한다면 약 5 % 정도가 됩니다. 나머지 95 %는 $\overline{X}$, S로 추정한 모집단 평균이 존재한다고 추정하는 구간 내에 실제로 모집단 평균이 존재합니다.

1.10 신뢰구간

신뢰구간 추정의 조건으로 "신뢰 수준이 95 %이다"라는 말을 사용하는데 이 말의 의미를 좀 더 자세히 알아보기로 합니다.

[표 1.4.2]와 같은 형태로 평균 100, 표준편차 10인 모집단에서 샘플 4개씩을 추출하여 신뢰수준 95 %로 모집단 평균의 신뢰구간을 구해 봅니다. 종래의 신뢰구간은 [그림 1.10.1] (a), (b)와 같이 수평선에 가로 축 상에 괄호 표시를 하거나 직접 상한, 하한 값을 표기하는 방식으로 나타내었으나 많은 데이터를 표현하기 위하여 [그림 1.10.2]와 같이 가로축은 신뢰 하한 세로축은 신뢰 상한으로 하되 세로축은 신뢰 하한이 100인 선으로 하고 가로축은 신뢰 상한이 100으로 축을 잡습니다. 예를 들어서 신뢰 하한이 90이고 신뢰 상한이 110인 경우 [그림 1.10.2]와 같이 가로축은 신뢰 하한, 세로축은 신뢰 상한으로 하여 점을 찍으면 신뢰 하한이 90 신뢰 상한이 110인 점이 제2상한에 찍을 수 있습니다. 이와 같은 방식으로 1,000개의 신뢰구간을 표시하면 [그림 1.10.2]에서와 같이 대부분의 점은 신뢰 하한이 100보다 작고 신뢰 상한이 100보다 큰 2상한에 분포하게 됩니다. 그 중에 일부분은 신뢰 상한이 100보다 적은 A부분에 찍히는 점도 있고 일부는 신뢰 하한이 100보다 큰 B부분에 찍히는 점들도 있습니다. 이러한 점들은 4개의 샘플을 이용해서 모집단의 평균을 추정하는데 구간 내에 100이 포함되지 않는 경우에 해당됩니다. 우리는 샘플을 구할 때 평균이 100 표준편차 10인 모집단에서 샘플을 구하였으므로 신뢰구간 내에 100이 포함되는 것이 옳은 추정인데 A, B부분의 샘플들은 모집단의 평균이 100보다 크거나 작다는 틀린 추정을 하게 됩니다. 이번 시뮬레이션 예의 경우 4개 샘플을 1000회 실행했을 때 신뢰 상한이 100보다 작은 A구간은 27회 발생하였고 신뢰 하한이 100보다 큰 B구간은 21회 발생하였습니다.

A, B구간을 합쳐서 1000회 중 48회는 평균 구간 추정이 틀린 결과를 얻게 됨을 알 수 있습니다. 시뮬레이션을 반복해 보면 A, B구간의 개수 합이 30개~70개 정도로 변하는 것을 볼 수 있으며 반복 회수를 만 회, 십만 회로 증가시키면 평균적으로는 5 %가 틀릴 것으로 예상해 볼 수 있습니다.

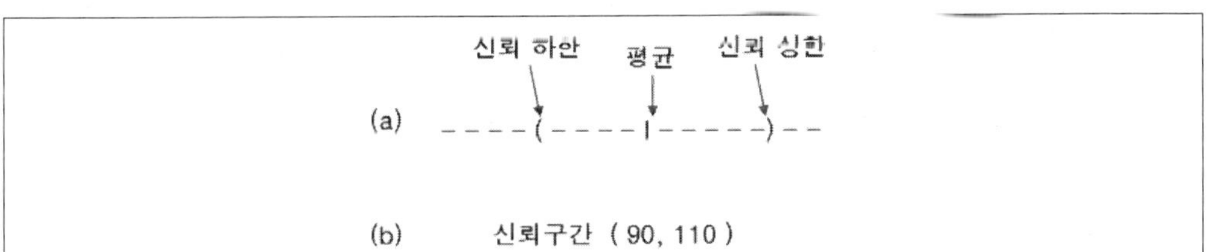

[그림 1.10.1] (a) 그림에 의한 신뢰구간 표시 (b) 글에 의한 신뢰구간 표시

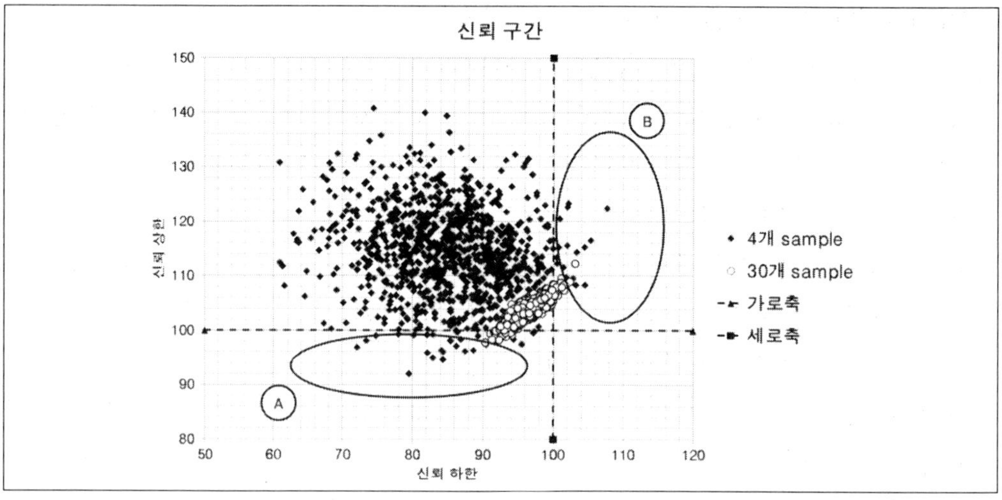

[그림 1.10.2] 신뢰 수준 설명도 1000회 중 5 %(약 50개)는 모집단 평균 100을 포함하지 않음

우리들이 통상 생각할 때 샘플의 개수가 많으면 틀릴 확률이 줄어들 것이라는 느낌을 갖는데 이것이 사실인지에 대해서 생각해 보기로 합니다. [그림 1.10.2]에 동일한 모집단에서 샘플을 30개를 취해서 구간 추정을 한 경우의 신뢰구간을 흰 색 동그라미로 표시하였습니다. 4샘플로 구간추정을 하는 데 비해서 구간의 폭이 많이 줄어든 것을 알 수 있습니다. 4샘플의 경우는 구간의 범위가 (60, 130) 정도가 되는 샘플도 있었던 데 비해 30샘플의 경우는 대부분의 구간이 (90, 110) 이내에 존재하는 것을 알 수 있습니다. 샘플이 많아지는 경우 구간의 신뢰구간의 폭이 많이 줄어드는 것을 알 수 있는데 이는 정확도가 좋아지는 것으로 풀이할 수도 있습니다. 그런데 30개의 샘플을 하더라도 역시 신뢰구간이 모집단의 평균 100을 포함하지 않는 경우가 있음을 알 수 있습니다. 본 시뮬레이션 예의 경우 신뢰 상한이 100보다 적은 A구간이 28회 발생했고, 신뢰 하한이 100보다 큰 B구간이 24회 발생하였습니다. 30개 샘플을 하더라도 5 % 정도는 틀린 추정을 할 수 있음을 알 수 있습니다. 엑셀을 가지고 만들어 볼 수 있는 것이기 때문에 여러분들이 직접 엑셀을 이용해서 시뮬레이션을 실시해 보시기를 간곡히 권유 드립니다. 그냥 눈으로만 보시지 마시고 직접 엑셀을 이용해서 시뮬레이션 해 보시면 감이 더 확실히 드실 것으로 생각합니다.

지금까지 우리가 신뢰수준 95 % 기준으로 설명을 드렸는데 만일 신뢰 수준이 90 %로 낮아진다면 신뢰구간은 어떻게 될까요? 95 %의 경우에 대해서 신뢰구간이 넓어질까요? 아니면 줄어들까요?

답은 2개 중의 하나인데 여러분이 직접 생각해 보시고 계산도 한번 해 보시기 바랍니다.

1.11 t분포 or z분포

통계 이론에 의하면 샘플 수가 30개가 넘으면 t분포가 아니라 z분포를 이용해서 신뢰구간을 구한다고 되어 있습니다. 이 차이를 살펴보고자 합니다.

30개 샘플의 평균이 97.3, 표준편차가 11.2인 예에 대해서 상기 2가지 방식으로 신뢰수준 95 %로 신뢰구간을 추정해 보기로 합니다. t분포 방식으로 구한 신뢰구간은 식 (1.11.1)과 같이 계산되어 신뢰구간이 (93.1, 101.5)가 되며 z분포 방식으로 구한 신뢰구간은 식 (1.11.2)와 같이 계산되어 (93.3, 101.3)이 됩니다.

$$\overline{X} - t_{\alpha/2,29} \cdot \frac{S}{\sqrt{n}} \le \mu_{\overline{X}} \le \overline{X} + t_{\alpha/2,29} \cdot \frac{S}{\sqrt{n}}$$

$$97.3 - 2.045 \cdot \frac{11.2}{\sqrt{30}} \le \mu_{\overline{X}} \le 97.3 + 2.045 \cdot \frac{S}{\sqrt{30}}$$

$$93.1 \le \mu_{\overline{X}} \le 101.5 \quad \cdots\cdots (1.11.1)$$

$$\overline{X} - z_{\alpha/2} \cdot \frac{S}{\sqrt{n}} \le \mu_{\overline{X}} \le \overline{X} + z_{\alpha/2} \cdot \frac{S}{\sqrt{n}}$$

$$97.3 - 1.96 \cdot \frac{11.2}{\sqrt{30}} \le \mu_{\overline{X}} \le 97.3 + 1.96 \cdot \frac{S}{\sqrt{30}}$$

$$93.3 \le \mu_{\overline{X}} \le 101.3 \quad \cdots\cdots (1.11.2)$$

앞에서 시뮬레이션 하였던 1000회의 실험에 대해서 t분포를 사용하여 구한 신뢰구간 및 z분포를 사용하여 구한 신뢰구간을 [그림 1.11.1]에 나타내었습니다. z분포를 사용하는 방법이 범위가 더 작게 추정할 수 있음을 알 수 있습니다.(다르게 생각하면 틀릴 가능성이 더 많다고 생각할 수도 있을 것 같습니다.) 그리고 원래 신뢰 수준을 95 %로 설정하였기 때문에 신뢰구간 내에 100을 포함하지 않는 회수가 50회 정도 되는 것이 바람직합니다. 100을 포함하지 않는 경우를 세어본 결과 z분포 방식은 64회, t분포 방식은 52회 정도로 되어 두 방식의 차이를 알기 힘듭니다. 교과서에서는 샘플

수가 30 이상인 경우에는 z분포를 이용하여 신뢰구간을 추정하도록 설명하고 있습니다.

필자는 1,000회 실험 시 z분포 방법으로 구한 오류 회수 64회가 5 %인 50회보다 많이 나온 것이 이상해서 10,000회를 실험해 본 결과 625회가 나옴을 확인하였습니다. t분포를 이용해서 10,000회 실시한 결과 525회 발생함을 확인하였습니다. 샘플 수가 30개 이하이면 t분포를 이용하는 것이 z분포를 이용하는 것보다 좀 더 신뢰 수준에 가까운 결과가 얻어짐을 확인하였습니다.

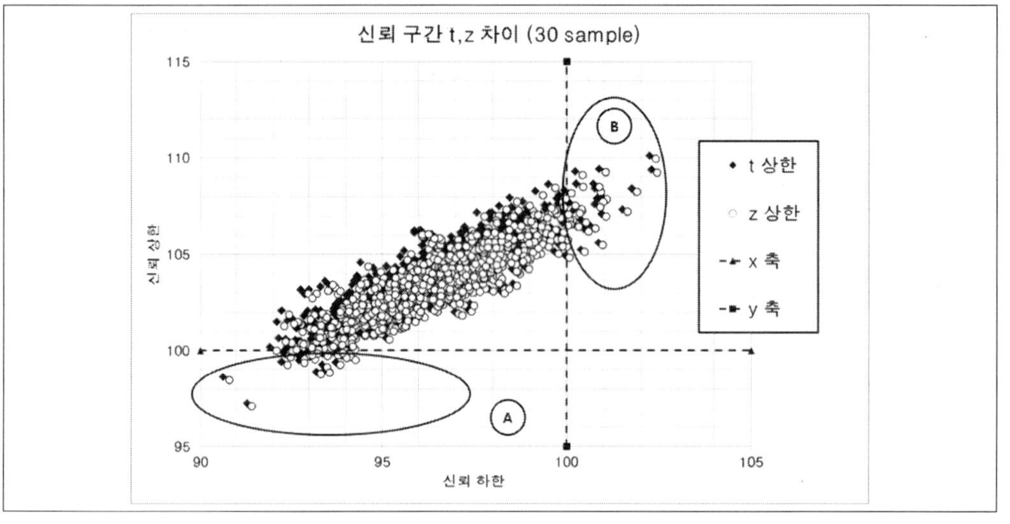

[그림 1.11.1] z분포와 t분포를 사용하는 경우에 따른 신뢰구간의 차이

02

가설검정

제품 개발 시 품질이 목표 성능에 도달하지 못한 경우 개선 작업을 하여 개선 여부를 평가하게 됩니다. 이때 개선 후 설계가 개선 전 설계 대비해서 개선되었는지 여부를 판단하는 방법에 대해서 공부합니다.

예를 들어서 [표 2.0.1], [그림 2.0.1]과 같은 측정 data를 얻었을 경우 우리는 무엇을 근거로 두 설계가 다르다고 이야기 할 수 있는지 배워 보기로 합니다.

[표 2.0.1] 개선 전후 성능 측정 결과

	개선 전	개선 후
샘플 1	1.14	1.02
샘플 2	1.10	0.95
샘플 3	0.83	1.25
샘플 4	1.06	1.16
샘플 5	1.08	1.08
평균	1.04	1.09
표준편차	0.12	0.12

[그림 2.0.1]의 사례는 품질지표 spec 하한이 0.9인데 개선 전에는 평균 1, 표준편차 0.1 조건으로 random sample 5개를 취한 것이고 개선 후는 평균 1.1, 표준편차 0.1 조건으로 random sample 5개를 취한 경우의 측정치로 얻은 자료입니다. 모집단의 평균과 표준편차를 안다고 가정하였기 때문에 spec 하한이 정해지면 불량률이 얼마가 될지 예상해 볼 수 있습니다. 그림 2.0.2에 개선 전후 모집단의 품질 분포와 불량률을 그렸습니다. 개선 전 상태로 계속 생산을 한다면 불량률이 약 16 % 정도 발생할 것이 예상됩니다.(물론 이런 상태로 계속 생산을 하지는 않겠지마는) 설계부서에서 문제점

을 검토한 후 개선 방안을 제시하여 개선 후 품질 측정 결과 샘플 5개의 평균과 표준편차를 [표 2.0.1]과 같이 얻었을 때 개선 방안을 적용해서 생산할 것인지 아니면 더 좋은 방안을 찾을 것인지 판단을 해야 하는 상황을 가정합니다.

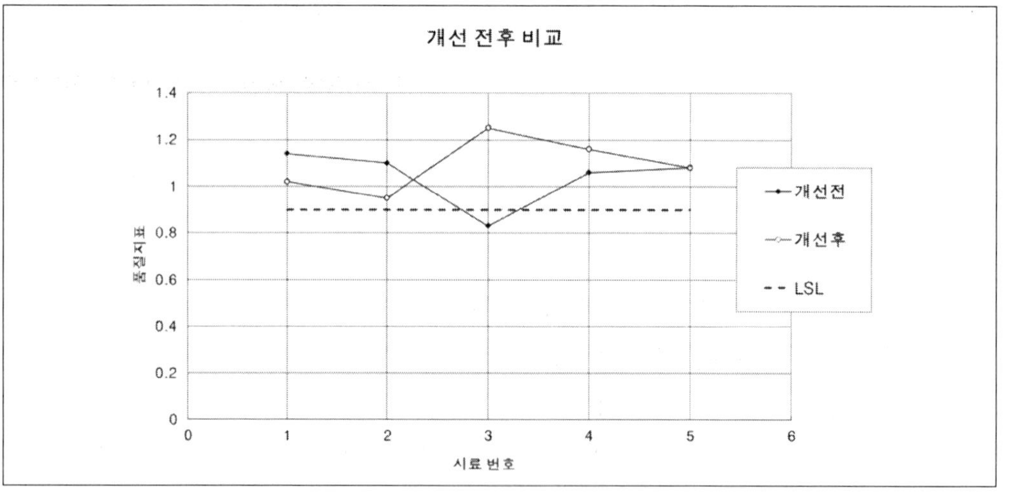

[그림 2.0.1] 개선 전후 성능 측정 결과

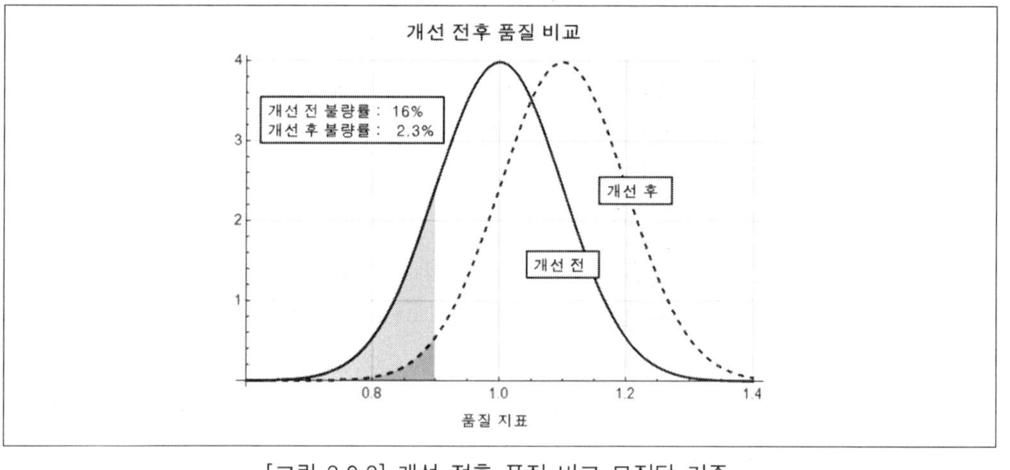

[그림 2.0.2] 개선 전후 품질 비교 모집단 기준

2.1 하나의 모집단에 대한 가설검정－평균

가설검정은 말 그대로 누군가 모집단의 parameter(평균, 표준편차 등)에 대한 가설을 주장할 때 그 가설이 맞는지 검정하는 방법에 관한 이론입니다. 가설에는 H_0라고 표현하는 귀무가설과 H_1으로 표현하는 대립가설이 있는데 귀무가설은 "~과 같다."라는 주장이며 대립가설은 "~과 다르다." 또는 "~과 같지 않다."라는 주장입니다. 여기서 H를 사용하는 이유는 hypothesis라는 단어의 첫 문자로부터 나온 것으로 보입니다. 예를 들어서 모집단의 평균이 100이라는 가설에 대해서 검정하는 경우의 예를 들어보기로 합니다.

A 회사에서 자사의 품질지표가 100이라고 주장할 때 4개의 샘플을 취해서 그 주장이 맞는지 검정하는 과정을 살펴보기로 합니다. 4개의 샘플을 측정한 결과 다음 4값을 얻었고 {94.04, 77.79, 99.93, 90.66}, 이들의 평균은 $\overline{X} = 90.61$, 표준편차는 $S = 9.36$을 얻었습니다. 유의수준 $\alpha = 0.05$로 하여(틀릴 확률이 5 % 있다는 가정으로) A 회사의 주장을 검정하고자 합니다. 본 문제의 귀무가설 H_0와 대립가설 H_1은 다음과 같이 쓸 수 있습니다.

$$H_0 : \mu = 100 \quad \cdots\cdots (2.1.1)$$
$$H_1 : \mu \neq 100$$

가설검정에서는 귀무가설을 주장하는 쪽(같다고 주장하는 쪽)의 가설이 옳다는 가정하에 진행합니다. 따라서 우리가 판단해야 할 부분은 모집단의 평균이 100인데 4개의 샘플을 측정한 평균이 $\overline{X} = 90.61$이 나올 가능성이 있는가 하는 점입니다.

우리는 1장 모집단 추정에서 모집단 평균의 추정 시 σ를 아는 경우(3절)와 σ를 모르는 경우(7절)의 추정 방법에 대해서 배웠습니다.

먼저 σ를 알고 그 값이 10임을 아는 경우 상기 가설검정을 해보기로 합니다. [그림 1.3.2]를 약간 수정한 [그림 2.1.1]을 보기로 합니다.

귀무가설을 주장하는 A 회사의 주장이 맞는다면, 4개 샘플의 평균은 [그림 2.1.1]의 회색 부분에 있을 확률이 95 %가 됩니다. 측정한 4개 샘플의 평균이 90.6으로 회색 부분에 포함되어 있으므로 A 회사의 품질지표가 100이라는 귀무가설을 기각하지 못합니다. 참고로 식 (1.3.5)로 추정한 모집단 평균의 범위가 $(80.8 \leq \mu \leq 100.4)$로서 $H_0 : \mu = 100$인 귀무가설을 포함하는 신뢰구간을 갖게 됩니다.

다음 σ를 모르는 경우에 가설검정을 해 보기로 합니다.

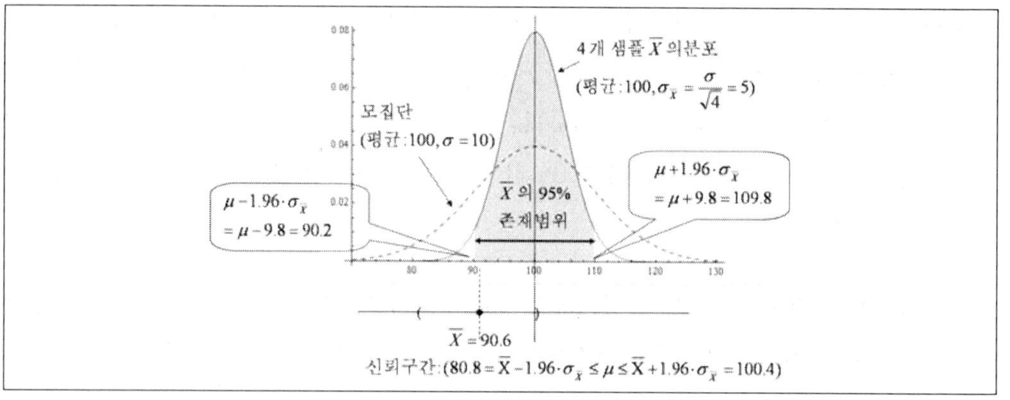

[그림 2.1.1] 4개 샘플 평균의 분포

1장 9절에서 σ를 모르는 경우 $(\overline{X}, S)$의 분포를 [그림 2.1.2]에 나타내었습니다. 이 그림은 평균이 100이고, 표준편차가 10인 모집단에서 샘플 4개의 평균과 표준편차를 10만 회 반복해서 얻은 자료입니다. A 회사의 주장대로 모집단의 평균이 100이라면 10만 회의 95 %는 흐린 회색 범위 내에 존재하게 됩니다. 4개 샘플의 측정 결과가 $(\overline{X}, S) = (90.61, 9.36)$으로 [그림 2.1.2]의 흐린 회색 범위 내에 있으므로 A 회사의 품질 지표가 100이라는 귀무가설을 기각하지 못합니다. 참고로 식 (1.7.3)으로 추정한 모집단의 평균의 범위는 $(75.73 \le \mu \le 105.49)$로서 $H_0 : \mu = 100$인 귀무가설을 포함하는 신뢰구간을 갖습니다.

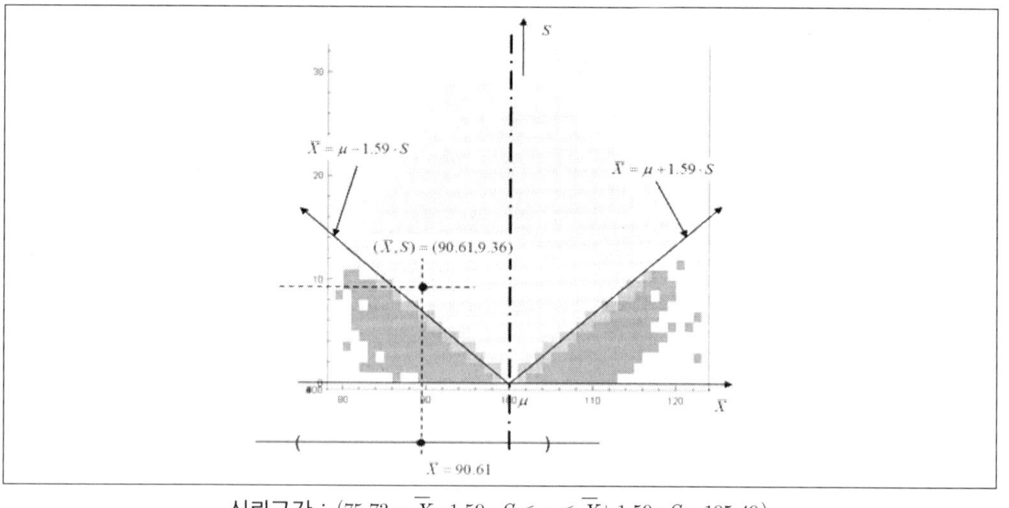

신뢰구간 : $(75.73 = \overline{X} - 1.59 \cdot S \le \mu \le \overline{X} + 1.59 \cdot S = 105.49)$

[그림 2.1.2] σ unknown 모집단 평균의 가설검정

4개 샘플의 값이 다음과 같은 경우에 대해서 생각해 봅니다. 샘플 값은 각각 106.78, 105.67, 103.51, 101.84로서 평균 $\overline{X} = 104.45$이고 표준편차 $S = 2.21$을 얻었다고 합니다. 이 경우는 [그림 2.1.3]의 $(\overline{X}, S)$분포에서 진한 회색 범위에 들어가게 되어 A 회사의 품질 지표가 100이라는 귀무가설을 기각하게 됩니다. 참고로 식 (1.6.3)으로 추정한 모집단의 평균의 범위가 $(100.94 \le \mu \le 107.96)$으로 신뢰구간이 $H_0 : \mu = 100$인 귀무가설을 포함하지 않는 것을 알 수 있습니다.

주의하실 것은 [그림 2.1.2]와 [그림 2.1.3]의 $(\overline{X}, S)$분포가 항상 이런 모양이 아니라는 점입니다. 이 분포는 모집단의 평균 μ, 모집단의 표준편차 σ, 샘플의 개수(이 경우 4개)에 따라서 모양이 변하는 것임을(분포의 위치가 변함) 염두에 두셔야 합니다.

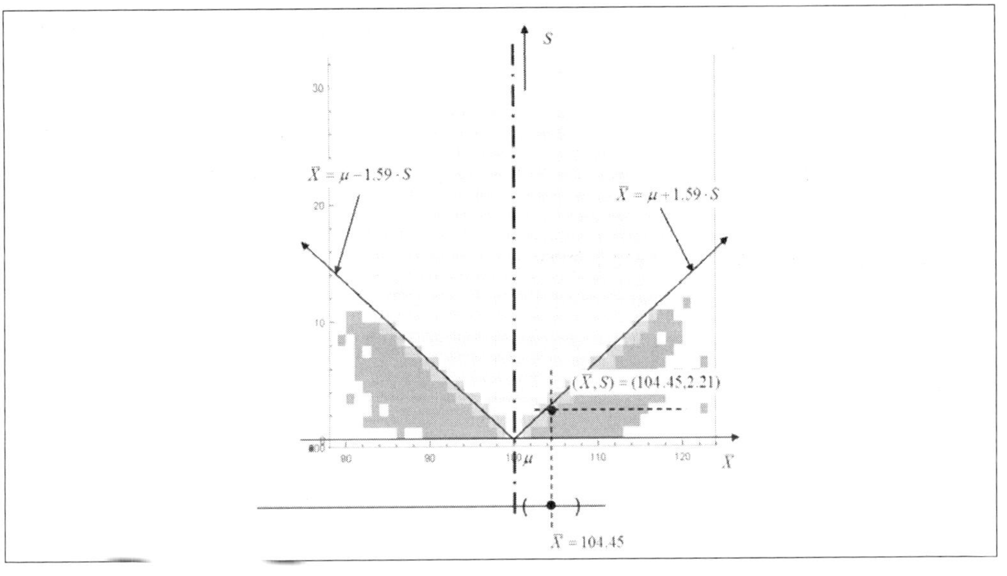

신뢰구간 : $(100.94 = \overline{X} - 1.59 \cdot S \le \mu \le \overline{X} + 1.59 \cdot S = 107.96)$

[그림 2.1.3] 다른 4개 샘플의 경우 귀무가설이 기각됨

이번 예의 경우 t값을 계산해 보면 식 (2.1.1)과 같이 계산됩니다. 여기서 평균의 기준이 되는 μ값은 A 회사가 주장하는 귀무가설의 μ값을 사용합니다.

$$t = \frac{\overline{X} - \mu}{S/\sqrt{n}} = \frac{104.45 - 100}{2.21/\sqrt{4}} = 4.03 \quad \cdots\cdots (2.1.1)$$

$t = 4.03$인 바 $|t| > 4.03$, 즉 $t > 4.03$일 확률은 2.7 %입니다. 이 값은 엑셀의 한 셀에 "=tdist(4.03, 3, 2)"을 쓰고 계산을 실행하면 얻을 수 있습니다. tdist 함수 내의 3은 자유도 3을 의미하고 2는 양측 분포를 나타냅니다. 이때 2.7 %가 p−value이고 $p = 0.027$에 해당합니다. p−value는 중심으로부터 가까이 있을 확률이라고 생각해도 좋을 듯합니다. 중심과 가까이 있을 확률이 이렇게 유의수준 α값보다 작으니까 귀무가설 (주장과 동일하다는 가설) 을 기각하고 대립가설을 채택하게 됩니다.

4개 샘플의 평균은 $t = 0$인 품질지표 100일 확률이 가장 많고 여기서부터 ± 1, ± 2로 멀어질수록 가까이 있을 확률이 줄어들게 됩니다. 4개 샘플의 평균이 104.45로 t값이 4.03이 되면 100 ± 4.45 이내에 있을 확률 p−value가 0에 가까운 2.7 % 이하가(같을 확률이 거의 없다) 된다는 의미가 됩니다. p−value가 유의수준인 0.05보다 작으므로 모집단의 품질지표가 100이라는 귀무가설을 채택할 수 없습니다. 앞에서 $\overline{X} = 90.61$, $S = 9.36$인 data의 경우는 귀무가설을 기각하지 못하였으며 지금 $S = 2.21$의 경우는 귀무가설을 기각한 경우로 샘플의 평균과 표준편차 값에 따라서 동일한 가설에 대해서 서로 다른 평가가 나올 수 있음을 이해해 주시기 바랍니다.

2.2 하나의 모집단에 대한 가설검정−분산

어느 모집단의 분산이 얼마라고 주장하는 경우 그 값이 맞는지 알아보기로 합니다. 이 경우 귀무가설과 대립가설은 다음과 같이 쓸 수 있습니다.

$$H_0 : \sigma^2 = \sigma_0^2 \qquad (2.2.1)$$
$$H_1 : \sigma^2 \neq \sigma_0^2$$

예를 들어서 앞 절의 예인 샘플의 평균과 표준편차가 $\overline{X} = 104.15$, $S = 2.21$을 얻은 회사에서 이 제품의 표준편차가 $\sigma = 10$이라고 주장하는 경우 그 주장이 옳은지 판단해 봅니다.

이 경우 귀무가설과 대립가설은 다음과 같이 쓸 수 있습니다.

$$H_0 : \sigma = 10 \qquad (2.2.2)$$
$$H_1 : \sigma \neq 10$$

이 경우 검정 통계량은 식 (2.2.3)과 같습니다. 이는 식 (1.5.1)에서 $(n-1)\cdot\frac{S^2}{\sigma^2}$이 자유도 $(n-1)$의 카이제곱분포를 한다는 사실을 이용한 것입니다.

$$V=\frac{(n-1)\cdot S^2}{\sigma^2}=\frac{3\cdot 2.21^2}{10^2}=0.147 \cdots\cdots (2.2.3)$$

[그림 2.2.1]에 자유도 3의 카이제곱분포를 그렸습니다.

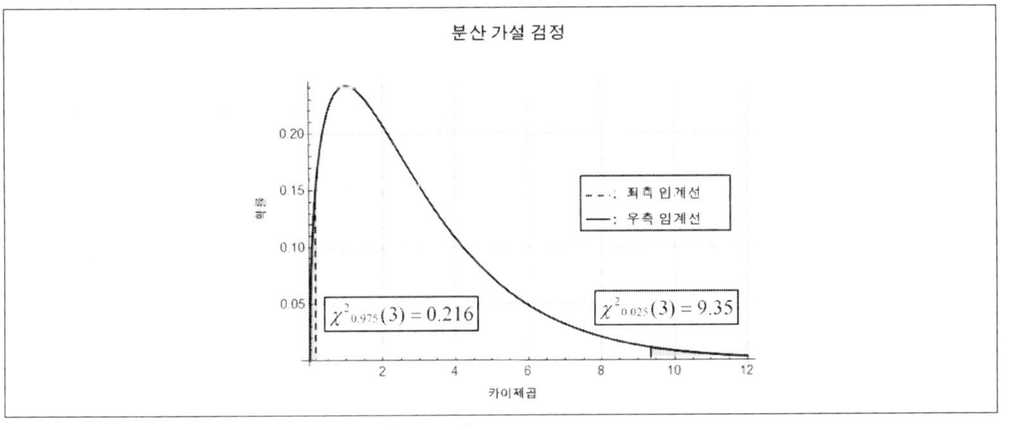

[그림 2.2.1] 자유도 3의 카이제곱분포

[그림 2.2.1]에서 좌측 임계값은 $\chi^2_{0.975}(3)=0.216$이며 우측 임계값은 $\chi^2_{0.025}(3)=9.35$인데 식 (2.2.3)에서 검정 통계량 $V=0.147<0.216$이므로 귀무가설 H_0를 기각합니다. 즉, 이 제품의 표준편차는 유의 수준 5 %에서(또는 신뢰수준 95 %로) 10이라고 할 수 없습니다.

2.3 2개의 모집단 비교－통합표본분산 S_p^2 소개

지금까지는 한 개의 모집단의 평균, 표준편차가 얼마인지 주장하는 가설에 대한 가설검정을 알아보았습니다. 앞으로 2개 모집단의 차이에 대한 가설검정을 공부하기 전에 두 개의 모집단 특성을 비교하는 방법에 대해서 공부해 봅니다.[1] (pp302－306)

정규분포를 하는 평균 μ_1, 표준편차 σ_1인 모집단 A와 평균 μ_2, 표준편차 σ_2인 모집단 B가 있습니다. 모집단 A에서 n_1개의 샘플을 취한 평균을 $\overline{X_1}$, 모집단 B에서 n_2개의 샘플을 취한 평균을 $\overline{X_2}$라고 하면 $\overline{X_1}-\overline{X_2}$의 기댓값과 variance는 식 (2.3.1), 식 (2.3.2)와 같이 됩니다.

$$E(\overline{X_1}-\overline{X_2}) = E(\overline{X_1}) - E(\overline{X_2}) = \mu_1 - \mu_2 \cdots\cdots (2.3.1)$$

$$Var(\overline{X_1}-\overline{X_2}) = Var(\overline{X_1}) + Var(\overline{X_2}) = \frac{\sigma_1^2}{n_1}+\frac{\sigma_2^2}{n_2} \cdots\cdots (2.3.2)$$

따라서 $\mu_1 - \mu_2$의 신뢰구간을 구하기 위한 Z 통계량은 식 (2.3.3)과 같이 됩니다.

$$Z = \frac{(\overline{X_1}-\overline{X_2})-(\mu_1-\mu_2)}{\sqrt{\frac{\sigma_1^2}{n_1}+\frac{\sigma_2^2}{n_2}}} \cdots\cdots (2.3.3)$$

그리고 $\mu_1 - \mu_2$의 신뢰수준 $(1-\alpha)$의 신뢰구간은 식 (2.3.4)와 같이 주어집니다.

$$(\overline{X_1}-\overline{X_2}) \pm z_{\alpha/2} \cdot \sqrt{\frac{\sigma_1^2}{n_1}+\frac{\sigma_2^2}{n_2}} \cdots\cdots (2.3.4)$$

이 장의 서두에서 설명한 개선 전후 비교의 경우는 모집단의 분산 σ_1^2, σ_2^2에 대한 정보가 어느 정도 있는가에 따라 여러 가지 가능성이 있습니다.

가. 시료가 많아서 개선 전후 σ_1^2, σ_2^2을 모두 아는 경우
나. σ_1^2, σ_2^2을 모두 모르지만 개선 변경 내용으로 보아 $\sigma_1^2 \approx \sigma_2^2$으로 가정할 수 있는 경우
다. 최근 개발 중이라서 아직 σ_1^2, σ_2^2에 대한 정보가 모두 없는 경우

가의 경우는 식 (2.3.4)를 이용하여 두 모집단의 평균 차이에 대한 신뢰구간을 추정할 수 있습니다. 다의 경우는 다른 통계 교재를 참고하기 바라며 여기서는 실험실에서 자주 만나게 되는 나의 경우에 대해서 알아봅니다.

이 경우 $\sigma_1^2 = \sigma_2^2 = \sigma^2$으로 놓으면 $\mu_1 - \mu_2$의 점 추정량인 $\overline{X_1} - \overline{X_2}$의 표준편차는 식 (2.3.5)와 같이 됩니다.

$$\sigma_{(\overline{X_1} - \overline{X_2})} = \sqrt{\frac{\sigma_1^2}{n_1} + \frac{\sigma_2^2}{n_2}} = \sqrt{\frac{\sigma^2}{n_1} + \frac{\sigma^2}{n_2}} = \sigma \cdot \sqrt{\frac{1}{n_1} + \frac{1}{n_2}} \quad \cdots\cdots (2.3.5)$$

이 경우 두 모집단의 분산이 σ^2으로 같다고 가정했으므로 표본 분산 S_1^2과 S_2^2 둘 다 σ^2의 섬 추정량이 될 수 있습니다. 따라서 S_1^2과 S_2^2을 모두 이용하여 식 (2.3.6)과 같이 S_1^2과 S_2^2의 가중평균을 구하여 통합표본분산(pooled sample variance) S_p^2을 구하고 이를 σ^2의 점 추정량으로 사용하는 것이 바람직합니다.

$$S_p^2 = \frac{(n_1 - 1) \cdot S_1^2 + (n_2 - 1) \cdot S_2^2}{(n_1 - 1) + (n_2 - 1)} \quad \cdots\cdots (2.3.6)$$

통합표본분산 S_p^2의 의미를 자세히 살펴봅니다.

모집단 A에서 얻은 n_1개의 샘플의 분산과 모집단 분산은 식 (2.3.7)의 관계를 갖습니다.

$$\frac{(n_1 - 1) \cdot S_1^2}{\sigma^2} \sim \chi^2_{n_1 - 1} \quad \cdots\cdots (2.3.7)$$

또한 모집단 B에서 얻은 n_2개의 샘플의 분산과 모집단 분산은 식 (2.3.8)의 관계를 갖습니다.

$$\frac{(n_2-1)\cdot S_2^2}{\sigma^2} \sim \chi^2_{n_2-1} \cdots\cdots (2.3.8)$$

식 (2.3.6)의 통합표본 표준편차 S_p의 정의는 식 (2.3.9)와 식 (2.3.10)과 같이 변형하여 그 의미를 생각해 봅니다.

$$S_p^2 = \frac{(n_1-1)\cdot S_1^2 + (n_2-1)\cdot S_2^2}{n_1+n_2-2} \sim \frac{\sigma^2\cdot\chi^2_{n_1-1} + \sigma^2\cdot\chi^2_{n_2-1}}{(n_1-1)+(n_2-1)}$$

$$= \frac{\sigma^2\cdot(\chi^2_{n_1-1} + \chi^2_{n_2-1})}{(n_1-1)+(n_2-1)} \cdots\cdots (2.3.9)$$

카이제곱분포의 가법적 성질을 이용하면 식 (2.3.10)을 얻습니다.

$$S_p^2 \sim \frac{\sigma^2\cdot(\chi^2_{n_1-1} + \chi^2_{n_2-1})}{(n_1-1)+(n_2-1)} \sim \frac{\sigma^2\cdot\chi^2_{n_1+n_2-2}}{n_1+n_2-2} \cdots\cdots (2.3.10)$$

식 (2.3.10)은 식 (2.3.11)과 같이 변형할 수 있습니다.

$$(n_1+n_2-2)\cdot\frac{S_p^2}{\sigma^2} \sim \chi^2_{n_1+n_2-2} \cdots\cdots (2.3.11)$$

식 (2.3.11)로부터 식 (2.3.6)의 S_p와 σ의 관계가 식 (2.3.11)과 같이

$$(n_1+n_2-2)\cdot\frac{S_p^2}{\sigma^2}$$

이 자유도 n_1+n_2-2의 카이제곱분포를 함을 알 수 있습니다. 식 (2.3.3)에서 $\sigma_1^2 = \sigma_2^2 = \sigma^2$을 가정하면 식 (2.3.12)를 얻습니다.

$$\frac{(\overline{X_1} - \overline{X_2}) - (\mu_1-\mu_2)}{\sigma\cdot\sqrt{\dfrac{1}{n_1}+\dfrac{1}{n_2}}} \sim Z \cdots\cdots (2.3.12)$$

여기에 식 (2.3.11)의 성질을 이용하면 두 모집단으로부터 얻은 샘플 평균 차의 분포를 통합표본 분산 S_p^2을 이용해서 구하는 경우 식 (2.3.13)과 같이 자유도 n_1+n_2-2의 Student t분포를 함을 알 수 있습니다.

$$\frac{(\overline{X_1}-\overline{X_2})-(\mu_1-\mu_2)}{S_p\cdot\sqrt{\frac{1}{n_1}+\frac{1}{n_2}}}\sim\frac{(\overline{X_1}-\overline{X_2})-(\mu_1-\mu_2)}{\sigma\cdot\sqrt{\frac{1}{n_1}+\frac{1}{n_2}}}\cdot\frac{1}{\sqrt{\chi^2_{n_1+n_2-2}/(n_1+n_2-2)}}$$

$$\sim\frac{Z}{\sqrt{\chi^2_{n_1+n_2-2}/(n_1+n_2-2)}}\sim t_{n_1+n_2-2}\cdots\cdots(2.3.13)$$

식 (2.3.13)을 이용해서 두 개의 모집단으로부터 얻은 $\overline{X_1}-\overline{X_2}$가 두 모집단의 평균의 차 $\mu_1-\mu_2$로부터 $\pm t_{\alpha/2,n_1+n_2-2}\cdot S_p\cdot\sqrt{\frac{1}{n_1}+\frac{1}{n_2}}$ 범위 내에 신뢰수준 $(1-\alpha)$로 존재함을 알 수 있습니다. 이를 식으로 표현하면 식 (2.3.14)와 같이 쓸 수 있습니다.

$$P\left(-t_{\alpha/2,n_1+n_2-2}\le\frac{(\overline{X_1}-\overline{X_2})-(\mu_1-\mu_2)}{S_p\cdot\sqrt{\frac{1}{n_1}+\frac{1}{n_2}}}\le t_{\alpha/2,n_1+n_2-2}\right)=1-\alpha\cdots\cdots\cdots(2.3.14)$$

그리고 $\mu_1-\mu_2$의 신뢰수준 $(1-\alpha)$의 신뢰구간의 양쪽 끝값은 식 (2.3.15)와 같이 주어집니다.

$$(\overline{X_1}-\overline{X_2})\pm t_{\alpha/2,n_1+n_2-2}\cdot S_p\cdot\sqrt{\frac{1}{n_1}+\frac{1}{n_2}}$$

단, $t_{\alpha/2,n_1+n_2-2}$: 자유도 n_1+n_2-2 Student t분포의 상위 $\alpha/2$ 분위 수

$$S_p=\sqrt{\frac{(n_1-1)\cdot S_1^2+(n_2-1)\cdot S_2^2}{n_1+n_2-2}}\cdots\cdots\cdots\cdots\cdots\cdots\cdots\cdots\cdots\cdots(2.3.15)$$

2.4 두 개의 모집단에 대한 가설검정－분산

앞 절에서 두 모집단의 평균을 비교하는 경우 $\mu_1 - \mu_2$를 하여 평균의 차이를 이용하여 비교하였습니다. 그러나 두 모집단의 분산을 비교하는 경우에는 두 분산의 비 σ_1^2/σ_2^2을 이용하여 비교하는 것이 편리합니다.

앞 절 식 (2.3.5)의 유도 과정에서 우리는 $\sigma_1^2 = \sigma_2^2 = \sigma^2$이라는 가정을 사용하였습니다. 다음 절에서 [표 2.0.1]의 개선 전/후 평균 비교 시 우리는 개선 전/후의 분산이 동일하다는 가정에서 수식을 전개하게 됩니다. 이 절에서는 [표 2.0.1]의 측정 결과를 이용해서 개선 전과 개선 후의 분산이 같다는 가설을 신뢰수준 95 %로 $(1-\alpha = 0.95)$ 검정해 보기로 합니다. 이 경우 가설은 식 (2.4.1)과 같이 쓸 수 있습니다.

$$H_0 : \sigma_1^2 = \sigma_2^2 \text{ 또는 } \frac{\sigma_1^2}{\sigma_2^2} = 1$$
$$H_1 : \sigma_1^2 \neq \sigma_2^2 \text{ 또는 } \frac{\sigma_1^2}{\sigma_2^2} \neq 1 \qquad (2.4.1)$$

단, σ_1^2 : 개선 전 모집단 분산

σ_2^2 : 개선 후 모집단 분산

두 모집단의 분산을 비교하는 가설검정을 하기 위해서는 먼저 F분포에 대한 설명이 필요합니다. 2장 5절에서 $(n-1)\cdot\frac{S^2}{\sigma^2}$이 자유도 $(n-1)$의 카이제곱분포를 한다는 것을 배웠습니다. 분산이 각각 σ_1^2, σ_2^2인 두 모집단으로부터 n_1, n_2개의 샘플을 취해 표본 분산 S_1^2, S_2^2을 얻었다면 각각 다음과 같은 식을 얻을 수 있습니다.

$$(n_1 - 1)\cdot\frac{S_1^2}{\sigma_1^2} \sim \chi^2_{n_1 - 1} \qquad (2.4.2)$$

$$(n_2 - 1)\cdot\frac{S_2^2}{\sigma_2^2} \sim \chi^2_{n_2 - 1} \qquad (2.4.3)$$

여기서 식 (2.4.4)를 이용하여 F분포(F distribution)의 정의를 설명합니다.

$$F(n_1-1,\ n_2-1)=\frac{\chi^2_{n_1-1}/(n_1-1)}{\chi^2_{n_2-1}/(n_2-1)} \cdots\cdots (2.4.4)$$

식 (2.4.4)에서 보는 바와 같이 분자에는 자유도 (n_1-1)의 카이제곱분포를 자유도 (n_1-1)로 나누고, 분모는 자유도 (n_2-1)의 카이제곱분포를 자유도 (n_2-1)로 나눈 분포를 분자 자유도 (n_1-1), 분모 자유도 (n_2-1)인 F분포라고 합니다.

다르게 표현하면 분자의 자유도 당 카이제곱을 분모의 자유도당 카이제곱으로 나눈 값이 F분포가 되는 셈입니다. 이 의미는 "Appendix 03. F분포 만들기"에서 설명 드립니다.

식 (2.4.2)를 식 (2.4.3)로 나누면 식 (2.4.5)와 같이 $\frac{S_1^2/\sigma_1^2}{S_2^2/\sigma_2^2}$이 F분포가 됨을 알 수 있습니다.

$$\frac{S_1^2/\sigma_1^2}{S_2^2/\sigma_2^2}\sim\frac{\chi^2_{n_1-1}/(n_1-1)}{\chi^2_{n_2-1}/(n_2-1)}\sim F(n_1-1,n_2-1) \cdots\cdots (2.4.5)$$

F분포의 우측 임계값을

$$F_{\alpha/2}(n_1-1,\ n_2-1)$$

이라 하고 좌측 임계값을

$$F_{(1-\alpha/2)}(n_1-1,\ n_2-1)$$

이라 하면 신뢰수준 $1-\alpha$일 때 $\frac{S_1^2/\sigma_1^2}{S_2^2/\sigma_2^2}$의 신뢰구간은 식 (2.4.6)을 이용해서 얻어집니다.

$$P\left(F_{(1-\alpha/2)}(n_1-1,\ n_2-1)\le\frac{S_1^2/\sigma_1^2}{S_2^2/\sigma_2^2}\le F_{\alpha/2}(n_1-1,\ n_2-1)\right)=1-\alpha \cdots\cdots (2.4.6)$$

식 (2.4.6)을 σ_1^2/σ_2^2에 대해서 정리하면 식 (2.4.7)을 얻으며 이로부터 σ_1^2/σ_2^2에 대한 신뢰구간은 식 (2.4.8)과 같이 됩니다.

$$P\left(F_{(1-\alpha/2)}(n_1-1,n_2-1) \le \frac{S_1^2 \cdot \sigma_2^2}{S_2^2 \cdot \sigma_1^2} \le F_{\alpha/2}(n_1-1,n_2-1)\right) = 1-\alpha$$

$$P\left(\frac{1}{F_{(1-\alpha/2)}(n_1-1,n_2-1)} \ge \frac{S_2^2 \cdot \sigma_1^2}{S_1^2 \cdot \sigma_2^2} \ge \frac{1}{F_{\alpha/2}(n_1-1,n_2-1)}\right) = 1-\alpha$$

$$P\left(\frac{S_1^2}{S_2^2} \cdot \frac{1}{F_{\alpha/2}(n_1-1,n_2-1)} \le \frac{\sigma_1^2}{\sigma_2^2} \le \frac{S_1^2}{S_2^2} \cdot \frac{1}{F_{(1-\alpha/2)}(n_1-1,n_2-1)}\right) = 1-\alpha$$

$$\cdots\cdots\cdots (2.4.7)$$

$$\left(\frac{S_1^2}{S_2^2} \cdot \frac{1}{F_{\alpha/2}(n_1-1,\ n_2-1)},\ \frac{S_1^2}{S_2^2} \cdot \frac{1}{F_{(1-\alpha/2)}(n_1-1,\ n_2-1)}\right) \cdots\cdots\cdots (2.4.8)$$

식 (2.4.7)에서 $\dfrac{\sigma_1^2}{\sigma_2^2}$의 신뢰구간을 알 수 있는데 식 (2.4.1)의 가설을 검정하기 위해서는 귀무가설이 옳다고 가정하고 F값이 신뢰범위 이내에 있는지 여부로 검정합니다. 즉, 식 (2.4.6)에서 귀무가설이 옳다고 가정하였으므로 $\sigma_1^2 = \sigma_2^2 = \sigma^2$을 대입하면 식 (2.4.9)를 얻습니다.

$$P(F_{(1-\alpha/2)}(n_1-1,\ n_2-1) \le \frac{S_1^2}{S_2^2} \le F_{\alpha/2}(n_1-1,\ n_2-1)) = 1-\alpha \cdots\cdots\cdots (2.4.9)$$

식 (2.4.9)에 [표 2.0.1]의 값 $S_1 = 0.12$, $S_2 = 0.12$, $n_1 = n_2 = 5$을 대입하면 식 (2.4.10)을 얻습니다.

$$P\left(F_{0.975}(4,\ 4) \le \frac{S_1^2}{S_2^2} \le F_{0.025}(4,\ 4)\right) = 1-\alpha = 0.95$$

$$P\left(0.104 \le \frac{S_1^2}{S_2^2} \le 9.6\right) = 0.95 \cdots\cdots\cdots (2.4.10)$$

식 (2.4.10)에서 $\dfrac{S_1^2}{S_2^2}$이 임계상한

$$F_{0.025}(4,\ 4) = 9.60$$

과 임계하한

$$F_{0.975}(4,\ 4) = \frac{1}{F_{0.025}(4,4)} = 0.104$$

의 범위 내에 있기 때문에 귀무가설 H_0를 채택합니다. 즉, 신뢰수준 95 %로 개선 전과 개선 후의 분산은 다르다고 할 수 없습니다.

본 예의 경우에는 개선 전후의 샘플의 분산이 같기 때문에 당연히 모집단 분산이 동일할 것이라고 생각하겠지만 일반적인 실험의 경우 샘플 5개의 분산을 비교해서 분산의 비가 9가 되어도 귀무가설을 채택하게 되는 상황을 염두에 두시기 바랍니다. 즉, 샘플 표준 편차의 비가 3이 되어도 두 모집단의 분산은 같다고 판정하게 됩니다. 이러한 문제를 피하기 위해서는 샘플 개수를 충분히 늘려서 실험하여야 합니다.

2.5 두 개의 모집단에 대한 가설검정－평균

[표 2.0.1]의 경우 개선 전과 개선 후는 평균이 같다(개선되지 못했다)는 가설에 대해서 가설검정을 해보기로 합니다. 본 문제의 귀무가설과 대립 가설은 다음과 같이 쓸 수 있습니다. 편의상 개선 전후의 분산은 동일하다고 가정합니다.

$$H_0 : \mu_2 - \mu_1 \leq 0$$
$$H_1 : \mu_2 - \mu_1 > 0 \quad \cdots\cdots (2.5.1)$$

단, μ_1 : 개선 전 모집단 평균

μ_2 : 개선 후 모집단 평균

분산이 같은 경우 통합표본분산(pooled sample variance)을 이용한 분포에 의해서 검정합니다.[1] 즉, μ_1, μ_2가 각각 개선 전후 모집단의 평균을 나타낼 때 다음과 같은 Student t로 표준화된 변량은 자유도가 $(n_1 + n_2 - 2)$인 t분포를 합니다.

$$t_{n_1+n_2-2} = \frac{(\overline{X_2} - \overline{X_1}) - (\mu_2 - \mu_1)}{S_p \cdot \sqrt{\frac{1}{n_1} + \frac{1}{n_2}}} = \frac{(\overline{X_2} - \overline{X_1})}{S_p \cdot \sqrt{\frac{1}{n_1} + \frac{1}{n_2}}} \cdots\cdots (2.5.2)$$

$$\text{단, } S_p = \sqrt{\frac{(n_1 - 1) \cdot S_1^2 + (n_2 - 1) \cdot S_2^2}{(n_1 - 1) + (n_2 - 1)}} \text{ : 통합표본 표준편차}$$

[표 2.0.1]의 값을 대입하면

$$\overline{X_1} = 1.04,\ \overline{X_2} = 1.09,\ S_1 = 0.12,\ S_2 = 0.12,\ n_1 = n_2 = 5$$

가 되고

$$t = \frac{(1.09 - 1.04)}{0.12 \cdot \sqrt{\frac{1}{5} + \frac{1}{5}}} = 0.66,\ \text{자유도 } DF = n_1 + n_2 - 2 = 5 + 5 - 2 = 8$$

가 되고 신뢰수준 95 %에서 자유도 8의 t분포의 임계값은 $t_\alpha(8) = 1.860$이므로 개선 전후 평균은 개선되었다고 할 수 없습니다.

[그림 2.0.1]의 사례는 개선 전에는 평균 1, 표준편차 0.1 조건으로 random sample 5개를 취한 것이고 개선 후는 평균 1.1, 표준 편차 0.1 조건으로 random sample 5개를 취하는 경우를 시뮬레이션으로 얻은 자료입니다. 이런 경우 설계 담당자는 매우 안타까운데 분명히 이론적으로 10 % 개선이 되어야 하는데 5개의 시료를 test 한 결과 개선여부가 증명이 되지 못한 것입니다. 이런 경우 시료를 늘려서 실험을 하면 개선 여부를 평가할 수 있게 됩니다.

만일 개선 전 샘플은 더 이상 만들 수 없고 개선 후 샘플만 10개를 얻을 수 있는 상황이라고 가정하여 시뮬레이션 해 본 결과(1회) 자유도 13의 t분포의 임계값 $t_\alpha(13) = 1.771$인데 샘플로부터 얻은 t값은 0.942를 얻어서 아직도 귀무가설을 기각하지 못하였습니다.

개선 전후 시료를 각 30개씩을 새로 만들어서 시뮬레이션 해 본 결과 [표 2.5.1]과 같은 data를 얻어서 겨우 대립가설을 채택할 수 있었습니다. t값 5.2를 얻어 t분포의 임계값 $t_\alpha(58) = 1.6\cdots$ 을 초과하였습니다.

[표 2.5.1] 시료를 30개로 늘린 개선 전후 성능 측정 결과

	개선 전	개선 후		개선 전	개선 후		개선 전	개선 후
샘플 1	1.048	1.186	샘플 11	1.137	1.207	샘플 21	0.937	1.152
샘플 2	0.968	1.215	샘플 12	0.969	1.242	샘플 22	0.981	0.883
샘플 3	0.900	1.268	샘플 13	1.124	1.153	샘플 23	1.041	1.135
샘플 4	0.939	1.223	샘플 14	0.922	0.899	샘플 24	0.984	1.105
샘플 5	0.999	1.214	샘플 15	0.912	1.100	샘플 25	0.833	1.137
샘플 6	0.924	1.040	샘플 16	1.115	1.111	샘플 26	0.904	1.193
샘플 7	0.973	1.048	샘플 17	1.028	1.112	샘플 27	1.142	1.179
샘플 8	1.094	1.132	샘플 18	1.055	1.196	샘플 28	1.076	1.421
샘플 9	1.194	1.270	샘플 19	0.961	1.013	샘플 29	1.070	1.146
샘플 10	0.949	1.250	샘플 20	0.934	1.021	샘플 30	1.098	1.027

이렇게 시료를 많이 test해야 하는 이유는 평균의 개선 정도가 1 sigma 정도로 크게 차이가 나지 않기 때문에 시료수를 많이 하여야 겨우 개선 정도를 알 수 있게 되는 것입니다. 만일 개선 정도가 2~3 sigma 정도로 크게 개선이 되었다면 5개의 시료만으로도 바로 개선 여부를 파악할 수 있었을 것입니다. 이와 같이 샘플 개수에 따라서 가설검정 결과가 다르게 나오는 이유에 대해서 다음 절에서 공부해 보기로 합니다.

2.6 α 오류, β 오류, 검정력 $(1-\beta)$

앞 절에서 우리는 평균이 10 % 개선된 모집단에서 샘플을 취하였음에도 불구하고 개선 전후 평균이 같다는 귀무가설을 채택하였습니다. 이와 같이 귀무가설이 사실이 아닌데도 이를 기각하지 못하는 오류를 제 2종 오류(type 2 error)라고 하고 그 확률을 β로 표시합니다.

이에 빈해서 가설설성 시 유의 수준으로 정한 $\alpha = 0.05$는 귀무가설 H_0가 사실인데도 이를 잘못 기각하는 오류를 저지를 확률의 최댓값을 유의 수준으로 정하고 이를 α로 표시한 것입니다. 이와 같이 귀무가설이 사실인데도 이를 잘못 기각하는 오류를 제 1종 오류(type 1 error)라 합니다.

두 개의 모집단으로부터 각각 n_1, n_2개의 샘플을 취해서 2모집단의 평균의 자이 유무를 판단하는 문제에 있어서 계산 과정의 각 수식과 단어가 의미하는 바의 이해를 돕기 위하여 시뮬레이션을 해 보기로 합니다.

먼저 두 개의 모집단은 두 모집단의 분산이 동일하도록 그 평균과 표준편차가

$(\mu_1, \sigma_1) = (\mu, \sigma) = (100, 10)$인 모집단 A와 $(\mu_2, \sigma_2) = (\mu, \sigma) = (100, 10)$인 모집단 B를 가정합니다.

모집단 A에서 n_1개의 샘플을 취한 평균과 표준편차를 각각 $\overline{X_1}$, S_1이라 하고 모집단 B에서 n_2개의 샘플을 취한 평균과 표준편차를 $\overline{X_2}$, S_2라고 합시다. [그림 2.6.1] (a)에 모집단 A에서 샘플 $n_1 = 5$개를 만 번 시행했을 때의 $(\overline{X_1}, S_1)$의 분포를 나타내었습니다. 한편 [그림 2.6.1] (b)에는 모집단 B에서 샘플 $n_2 = 5$개를 만 번 시행했을 때의 $(\overline{X_2}, S_2)$의 분포를 나타내었습니다. [그림 2.6.1] (a)와 (b)의 data를 이용해서 $(\overline{X_1} - \overline{X_2}, S_p)$의 분포를 [그림 2.6.1] (c)에 나타내었습니다. 그리는 방법은 모집단 A에서 $n_1 = 5$개를 샘플하여 $\overline{X_1}$, S_1을 얻고, 모집단 B에서 $n_2 = 5$개를 샘플하여 $\overline{X_2}$, S_2를 얻은 뒤에 $\overline{X_2} - \overline{X_1}$를 하고 식 (2.5.2)에 따라서 S_p를 구하는 과정을 만 회 반복하여 히스토그램을 그려서 얻습니다. 예를 들어서 [그림 2.6.1]에서 점 A가 $(\overline{X_1}, S_1) = (92, 9)$이고 점 B가 $(\overline{X_2}, S_2) = (95, 12)$라면 점 C는

$$((\overline{X_2} - \overline{X_1}), S_p) = ((95 - 92), \sqrt{9^2 + 12^2}) = (3, 15)$$

에 그려집니다.

S_p의 의미를 생각해 보기 위해서 S_p공식에서 $n_1 = n_2$인 경우를 가정하면 식 (2.5.2)의 S_p에 관한 공식은 식 (2.6.1)과 같이 간략화 되어 RMS(Root Mean Square) 방식으로 S_1과 S_2를 더한 의미를 가짐을 알 수 있습니다. 다른 말로 표현하면 S_p^2을 통합표본분산이라고 한다면 식 (2.6.1)의 양변을 제곱해서 보면 통합표본분산 S_p^2은 표본 1의 분산 S_1^2과 표본 2의 분산 S_2^2의 평균임을 알 수 있습니다.

$n_1 \neq n_2$인 경우에는 샘플 개수가 많은 쪽의 분산에 비중을 더 준 가중 평균으로 생각하면 좋을 것 같습니다.

$$S_p = \sqrt{\frac{(n_1 - 1) \cdot S_1^2 + (n_2 - 1) \cdot S_2^2}{(n_1 + n_2 - 2)}}$$

$$= \sqrt{\frac{(n_1 - 1) \cdot S_1^2 + (n_1 - 1) \cdot S_2^2}{(n_1 - 1) + (n_1 - 1)}} = \sqrt{\frac{S_1^2 + S_2^2}{2}} \quad \cdots\cdots (2.6.1)$$

[그림 2.6.1]은 양측 검정의 경우 샘플의 평균과 표준편차를 이용해서 두 모집단이 같은지 다른지 판단하는 경우에 해당됩니다.

예를 들어서 점 C와 같이 [그림 2.6.1] (c)의 중앙 흐린 회색 부분에 점이 찍히면 두 모집단의 평균은 같다고 귀무가설이 채택되고 오른쪽이나 왼쪽의 진한 회색 위치에 점이 찍히면 대립가설을 채택하여 두 모집단의 평균이 다르다고 판단하게 됩니다.

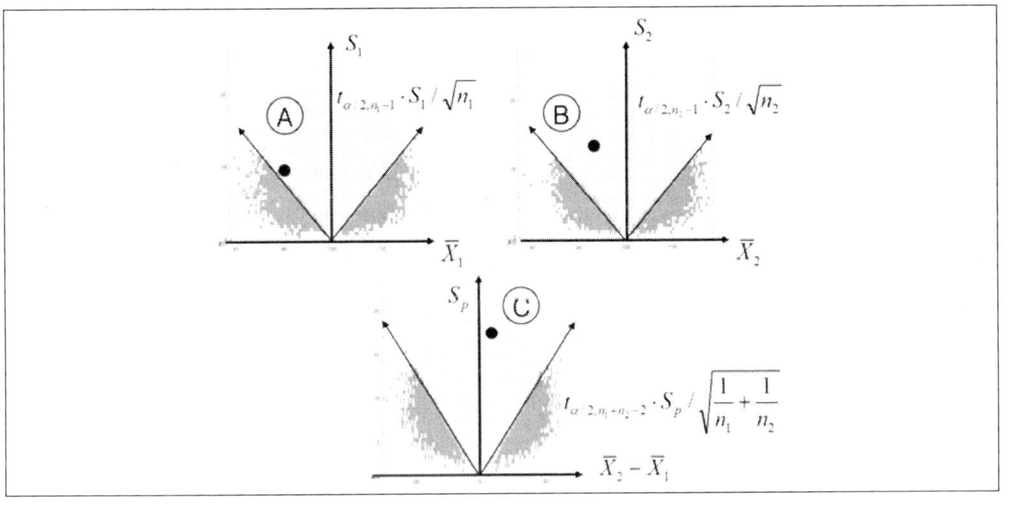

[그림 2.6.1] 평균과 표준편차가 동일한 2 모집단의 차이 비교

개선 후 평균이 개선되었는지를 묻는 우리 문제의 경우에 있어서는 귀무가설과 대립가설을 식 (2.5.1)과 같이 정의하게 되어 양측 검정이 아닌 단측 검정이 필요하게 됩니다. 이 경우 [그림 2.6.2]와 같이 $(\overline{X_1}-\overline{X_2}, S_p)$의 값이 진한 회색 영역에 있게 되면 귀무가설을 기각하는 판단을 내리게 됩니다.(개선 후 평균 μ_2>개선 전 평균 μ_1)

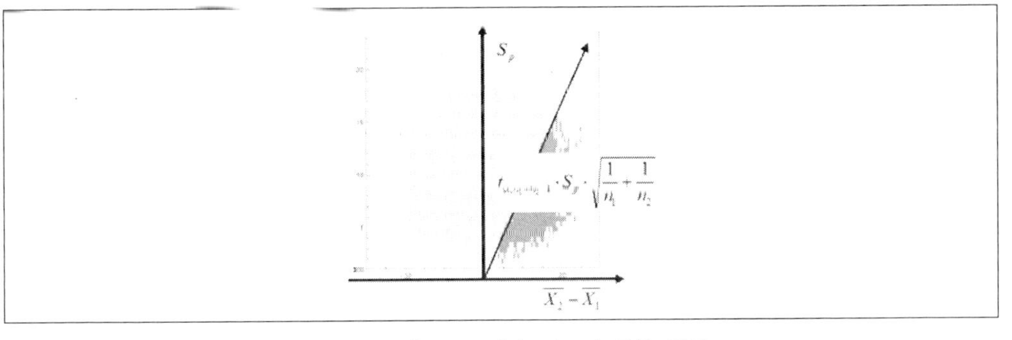

[그림 2.6.2] 두 모집단 비교의 단측 검정

이제 개선 후 평균이 110인 $(\mu_3, \sigma_3) = (\mu_3, \sigma) = (110, 10)$ 모집단 C를 가정하고 모집단 A와 비교를 합니다. 앞의 예와 동일한 방법으로 모집단 A에서 $n_1 = 5$개의 샘플을 취하고 모집단 C에서 $n_3 = 5$개의 샘플 취하는 작업을 만 번 실행하여 그 차이 $\overline{X_3} - \overline{X_1}$와 통합표본 표준편차 S_p^2의 분포를 [그림 2.6.3] (b)에 나타내었습니다. 모집단 C의 평균은 110이고 모집단 A의 평균은 100이기 때문에 $\overline{X_3} - \overline{X_1}$의 평균은 10을 중심으로 분포하여 평균이 같은 모집단 A, B를 비교한 [그림 2.6.3] (a)의 분포를 오른쪽으로 10만큼([그림 2.6.3] (b)에 Ⓐ로 표기한) 평행 이동한 형태를 취하고 있음을 볼 수 있습니다. 가설을 판단하는 기준이 되는 경계선은 두 개의 모집단이 같다는 귀무가설을 기준으로 하기 때문에 [그림 2.6.3] (a)와 (b)에서 흐린 회색과 진한 회색의 경계선의 위치는 동일합니다. 만 회 시뮬레이션 한 결과 [그림 2.6.3] (a)의 경우 진한 회색에 위치하는 확률은 5 % 정도이며 [그림 2.6.3] (b)의 경우는 진한 회색에 위치할 확률이 42 % 정도였습니다.

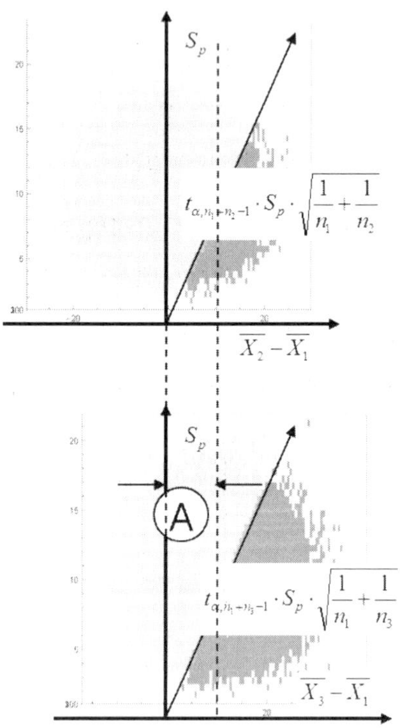

[그림 2.6.3] 두 모집단 평균 비교 (a) 모집단 A, B 비교 (b) 모집단 A, C 비교
그림 (b)의 경우 만 회 시행 중 42 % 정도가 개선되었다고 판단함.

개선 후의 평균이 개선 전보다 10 % 개선되었다면(모집단 평균 100－>110, 표준편차=10 인 경우) 각각 5개씩을 샘플로 하여 비교하는 경우 개선되었다고 판단할 확률이 높아지게 되는 것을 알 수 있습니다. 이장의 첫 부분에서 제시한 사례는 운이 없게도 개선이 안 된 것처럼 보이는 예를 취하여 발생한 상황입니다.

운이라고요?

샘플 5개를 비교하는 경우 상기 예의 경우 대립 가설을 채택할 확률은 약 42 % 정도였습니다. 샘플을 몇 개 정도 하면 대립 가설을 채택할 확률이 높아질까 알아보기 위해서 몇 차례 시뮬레이션을 더 진행해 보았습니다. 개선 전후 샘플 각 10개를 하는 경우 대립 가설 택할 확률이 70 % 정도였고 샘플 수를 30개로 증가시킨 결과 대립 가설을 택할 확률이 98 %까지 증가하는 현상을 볼 수 있었습니다.

우리는 제품 개발 현실에서 항상 이러한 사례를 만날 수 있다는 것을 염두에 두고 개선 여부 판단의 중요성 등을 감안하여 재실험을 하든지, 시료를 늘리든지, 아니면 개선 작업을 조금 더 하든지 결정해 주시기 바랍니다.

[그림 2.6.3] (b)의 시뮬레이션 결과 우리는 $(\mu_1, \sigma_1) = (100, 10)$인 모집단 A와 $(\mu_3, \sigma_3) = (110, 10)$인 모집단 C를 각각 샘플 5개를 취하여 식 (2.6.2)와 같은 가설로 비교하는 경우 귀무가설을 선택할 확률인 제 2종 오류인 β 오류가 58 % 정도 있음을 알 수 있었습니다.

$$H_0 : \mu_3 - \mu_1 \le 0$$
$$H_1 : \mu_3 - \mu_1 > 0 \quad \cdots\cdots (2.6.2)$$

단, μ_1 : 개선 전 모집단 평균

μ_3 : 개선 후 모집단 평균

이 경우 검정력은 $1-\beta$를 하여 42 % 정도의 검정력이 있다고 말합니다.

03

ANOVA
(Analysis of Variance)

앞 장에서 1개 및 2개의 모집단에 대한 가설검정을 배웠습니다. 1개 모집단에 대한 가설검정은 그 모집단의 평균이나 분산이 얼마와 같은가 라는 가설이 참인지 거짓인지 판단하는 방법이며, 2개의 모집단에 대한 가설검정은 그 2개의 모집단의 평균이나 분산이 같은지 판단하는 방법입니다. 우리는 제품의 개발 생산 과정에서 3개 이상의 모집단을 비교해야 하는 경우가 발생합니다. 예를 들어서 동일 부품을 3개 업체에서 납품 받아 사용하는 경우 3개 업체의 품질이 동일한지 판단하고 싶으며, 제품 생산은 로트별로 이루어지는데 로트별 품질이 동일한지 또는 어느 특정 로트의 품질이 다른 로트에 비해 떨어지는지 등을 판단할 필요가 있게 됩니다. 이런 경우 2개의 모집단에 대한 가설검정만으로 판단하기에는 여러 번 반복해야 하는 번거로움이 발생합니다.(이론적으로는 type 1 error가 증가한다고 하는데, 즉 사실은 3개 이상의 모집단의 parameter가 동일한데 다 같지는 않다고 판단하게 된다고 합니다. 이 이론의 증명은 다른 서적을 참고해 주시기 바랍니다.) 이런 경우 3개 이상의 모집단의 품질이 같은지 판단하는 방법으로 ANOVA가 사용됩니다. ANOVA의 본딧말은 analysis of variance로서 분산 분석의 의미를 가지고 있습니다. ANOVA는 각각의 모집단으로부터 구한 샘플들을 group으로 하여 전체 분산과 group 간의 분산을 비교함으로써 각 group이 동일한 모집단에서 우연히 그렇게 약간 다른 것처럼 보이게 나온 것인지 또는 어떤 특별한 group이 다른 group과 다른 평균값을 가지고 있다고 판단할 수 있게 합니다.

3.1 One－Way ANOVA

A, B, C 3개 업체의 부품의 품질이 평균 $\mu = 100$, 표준편차 $\sigma = 10$으로 동일하다고 가정합니다. 각 사의 부품을 5개씩 샘플하여 group으로 하고 그 품질을 비교하여 각 사의 품질이 동일한지 여부를 판단해 보기로 합니다. 이 경우 가설은 다음과 같이 쓰일 수 있습니다.

귀무가설 H_0 : $\mu_A = \mu_B = \mu_C$

대립가설 H_1 : μ_A, μ_B, μ_C가 모두 같지는 않다.;

At least one mean different; Not all means are equal; ……… (3.1.1)

시뮬레이션을 위해서 동일한 모집단에서 random sample을 5개씩 취해서 각각 A, B, C 업체의 샘플이라고 가정합니다. "Appendix 05. F값에 따른 분포 형상 시뮬레이션"에서 구한 샘플 데이터 중에서 평균의 차이가 큰 다음 사례를 이용하여 가설검정을 하기로 합니다.

```
s1000 =
 N[{{108.93048458823884`, 120.49740323957671`, 115.90608918560194`,
    94.31014557138079`, 123.86710542026435`},
   {112.62826275597001`, 96.38853254679357`, 106.65197347832748`,
    103.85547637543807`, 73.92617355753212`},
   {94.08906540425615`, 81.00594542553`, 88.16156248704088`, 105.29588823137163`,
    91.54829089521002`}, {112.70224560101254`, 98.69008374281225`,
    92.02015048868174`}, 20.6820951123308`}, 10]
(*  {{ A사 샘플 5개 },{ B사 샘플 5개 }, { C 사 샘플 5개 },
 {A사 평균 ,B 사 평균 , C 사 평균 }, A,B,C사 평균의 최대 차이}  *)

{{108.93, 120.497, 115.906, 94.3101, 123.867},
 {112.628, 96.3885, 106.652, 103.855, 73.9262},
 {94.0891, 81.0059, 88.1616, 105.296, 91.5483}, {112.702, 98.6901, 92.0202}, 20.6821}
```

[그림 3.1.1] 샘플 데이터 상세

A 업체의 샘플값을 a_1, a_2, a_3, a_4, a_5, B 업체의 샘플값을 b_1, b_2, b_3, b_4, b_5, C 업체의 샘플값을 c_1, c_2, c_3, c_4, c_5 변수로 assign하고 A 업체의 평균을 $\bar{a}$, B 업체의 평균을 $\bar{b}$, C 업체의 평균을 $\bar{c}$, 전체 평균을 GM(Grand Mean)이라고 합시다.

```
aₛ = {a1, a2, a3, a4, a5} = s1000[[1]];
bₛ = {b1, b2, b3, b4, b5} = s1000[[2]];
cₛ = {c1, c2, c3, c4, c5} = s1000[[3]];
ā = Mean[aₛ];
b̄ = Mean[bₛ];
c̄ = Mean[cₛ];
GM = Mean[{ā, b̄, c̄}];
(*  GM: Grand Mean *)
```

그림 3.1.2 샘플 데이터의 변수 정의

매쓰매티카 언어 이해를 돕기 위해서 a_1, b_2, c_3에 assign된 값이 원하는 대로 적용되었는지 확인하기로 합니다.

```
a1
b2
c3
108.93

96.3885

88.1616
```

[그림 3.1.3] 변수 정의 확인

위 샘플의 분포가 어떤 모양인지 그림을 그려서 확인해 보기로 합니다.

```
Show[ListPlot[Flatten[{aₛ, bₛ, cₛ}], PlotRange → {70, 130}],
 Plot[ā, {x, 0.5, 5.5}, PlotStyle → Dashed], Plot[b̄, {x, 5.5, 10.5}, PlotStyle → Dashed],
 Plot[c̄, {x, 10.5, 15.5}, PlotStyle → Dashed], Plot[GM, {x, 0.5, 15.5}]]
```

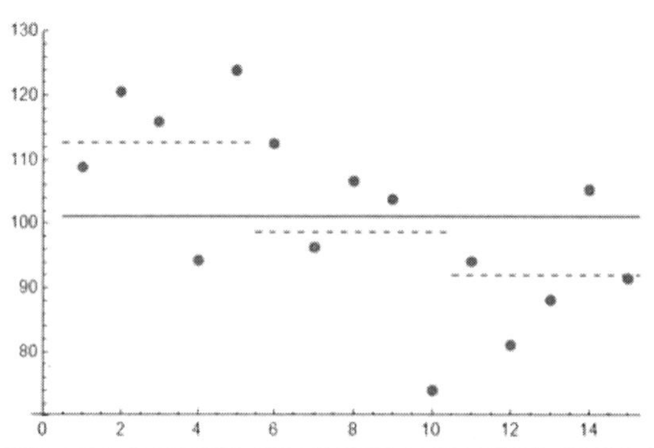

[그림 3.1.4] 샘플데이터 분포

“Appendix 06. 표준편차 계산법”에서 설명한 용어를 기준으로 ANOVA에 관한 설명을 이어 가기로 합니다. “Appendix 07. 모집단 평균에 대한 변동과 표본 평균에 대한 변동의 관계”의 공식을 기초로 설명해 나갑니다. 총변동은 $\sum_{i=1}^{N}(X_i - \overline{X})^2$으로 표현되는데 각각의 샘플값과 전체 평균($GM$: Grand Mean)과의 차이의 제곱의 합입니다. 이값은 다음과 같이 분해해 볼 수 있습니다.

$$
\begin{aligned}
\sum_{i=1}^{5}(a_i - GM)^2 &= \sum_{i=1}^{5}(a_i - \overline{a})^2 + \sum_{i=1}^{5}(\overline{a} - GM)^2 \\
&= \sum_{i=1}^{5}(a_i - \overline{a})^2 + 5 \cdot (\overline{a} - GM)^2 \cdots\cdots (3.1.2)
\end{aligned}
$$

$$
\begin{aligned}
\sum_{i=1}^{5}(b_i - GM)^2 &= \sum_{i=1}^{5}(b_i - \overline{b})^2 + \sum_{i=1}^{5}(\overline{b} - GM)^2 \\
&= \sum_{i=1}^{5}(b_i - \overline{b})^2 + 5 \cdot (\overline{b} - GM)^2 \cdots\cdots (3.1.3)
\end{aligned}
$$

$$
\begin{aligned}
\sum_{i=1}^{5}(c_i - GM)^2 &= \sum_{i=1}^{5}(c_i - \overline{c})^2 + \sum_{i=1}^{5}(\overline{c} - GM)^2 \\
&= \sum_{i=1}^{5}(c_i - \overline{c})^2 + 5 \cdot (\overline{c} - GM)^2 \cdots\cdots (3.1.4)
\end{aligned}
$$

식 (3.1.3~3.1.5)의 식을 더하면 좌변의 합인 전체 변동은(그림 3.1.5 (a)) 우변의 첫째항인 각 업체의 평균에 대한 변동(그림 3.1.5 (b))과 우변의 둘째 항인 각 업체의 평균이 전체 평균에 대한 변동(그림 3.1.5 (c))의 합으로 분해할 수 있음을 알 수 있습니다.

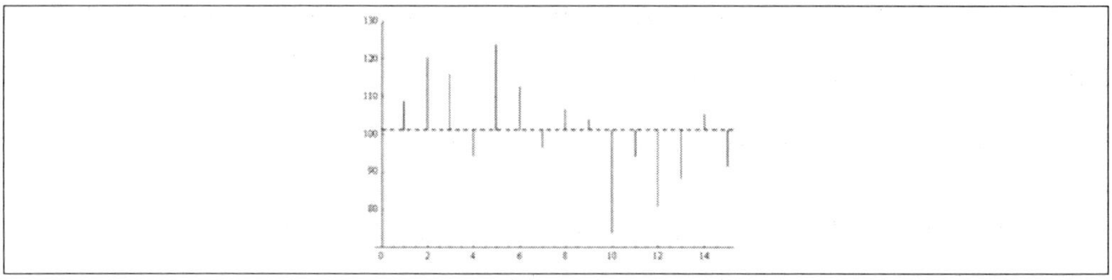

(a) Total Sum of Squares

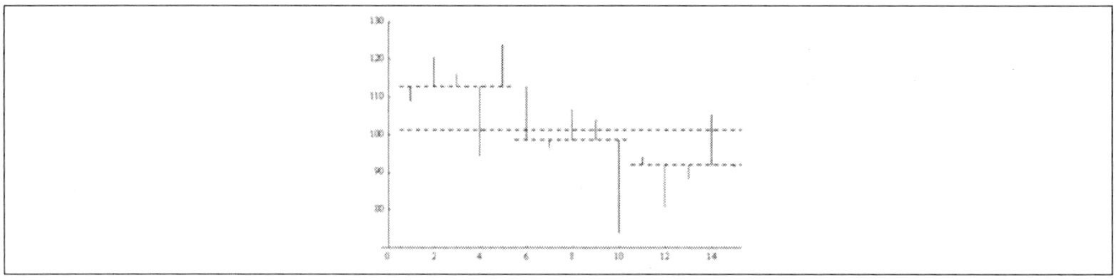

(b) Sum of Squares of Error

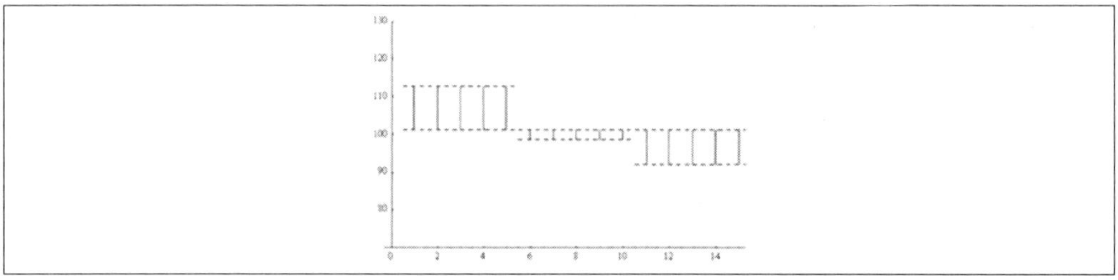

(c) Sum of Squares of Treatment (treatment 평균의 GM에 대한 변동)

[그림 3.1.5] 변동의 분해. 각 그림의 실선의 길이의 제곱의 합

아래 프로그램에서 total_SS(Total Sum of Squares)는 [그림 3.1.5]의 (a) 그래프에 있는 실선의 길이의 제곱의 합을 의미하며 각 샘플과 전체 평균(GM)과의 편차 제곱의 합을 나타냅니다. ssE는 [그림 3.1.5] (b) 그래프에 있는 실선의 길이의 제곱의 합을 나타내는데 각 샘플이 그 그룹의 평균과의 편차 제곱을 합한 값이 됩니다. ssT는 [그림 3.1.5] (c) 그래프에 있는 실선의 길이의 제곱의 합을 나타내는데 각 업체 평균이 전체 평균과의 편차에 관계되는 항입니다. ssT에서의 T는 현 예에서 업체 수 또는 로트 수 등과 같이 서로 다른 모집단임을 나타내는 개념으로 통계교재에서 treatment라는 용어를 사용하기에 유래된 대표글자입니다. 네 번째 식은 첫째와 두 번째 식으로 total_SS와 ssE를 구하면 ssT는 세 번째 식을 계산하지 않아도 첫 번째와 두 번째 식의 결과를 이용해서 쉽게 구할 수 있음을 보여줍니다.

```
totalSS = Total[MapThread[(#1 - GM)^2 + (#2 - GM)^2 + (#3 - GM)^2 &, {as, bs, cs}]]
2882.32

ssE = Total[MapThread[(#1 - ā)^2 + (#2 - b̄)^2 + (#3 - c̄)^2 &, {as, bs, cs}]]
1768.02

ssT2 = 5 (ā - GM)^2 + 5 (b̄ - GM)^2 + 5 (c̄ - GM)^2
1114.3

ssT = totalSS - ssE
1114.3
```

[그림 3.1.6] total_SS, ssE, ssT를 구하는 프로그램

전체 분산은 $\dfrac{\sum_{i=1}^{n}(X_i - \overline{X})^2}{n-1}$ 으로서 총 변동을 자유도로 나눈 값입니다. ANOVA는 이 분산을 표본 오차에 의한 분산과 treatment 차이에 의한 분산으로 나누어 그들이 동일한 모집단에서 나온 값이라면 분산의 비가 F분포를 할 것이라는 가정에서 출발합니다. 앞 절의 설명에서 우리는 표본 오차에 의한 변동으로 ssE를 얻었고, treatment 차이에 의한 변동으로 ssT를 얻었습니다. 이 변동을 자유도로 나누면 분산을 얻을 수 있는데 표본 오차에 의한 변동의 자유도는 업체별로 5개 sample 의 업체 평균에 대한 변동이므로 자유도가 $5-1$인 4이며 3개 업체의 변동을 합쳤으므로 자유도는 $4 \times 3 = 12$가 됩니다. treatment 차이에 의한 변동의 자유도는 총변동의 자유도 14에서 표본 오차에 의한 자유도 12를 빼서 2를 얻을 수 있습니다. 이는 treatment 개수 3에서 1을 뺀 값으로도 얻을 수 있습니다.

표본 오차에 의한 분산을 msE, treatment에 의한 분산을 msT라 하면 두 분산의 비 F값은 아래와 같이 얻어집니다.

```
msE = ssE / 12
msT = ssT / 2
Ftest = msT / msE
147.335

557.148

3.7815
```

[그림 3.1.7] F_{test} 구하는 프로그램

분자 자유도 2, 분모 자유도 12인 F분포의 확률분포는 아래 그림과 같습니다. $F > 3.88529$일 확률이 5 %입니다. 상기 예제의 경우 F_{test}값이 임계값인 $F_{critical}$보다 작으므로 귀무가설을 기각할 수 없습니다. 즉, 세 업체의 평균은 모두 같은데 우연히 상기 예제와 같이 평균의 차이가 크게 나타났을 뿐입니다.

```
Show[Plot[PDF[FRatioDistribution[2, 12], x], {x, 0, 8}, PlotRange → Full,
  AxesLabel → {"F", "probability"}],
 Plot[PDF[FRatioDistribution[2, 12], x], {x, 3.88529, 8}, Filling → Bottom]]
```

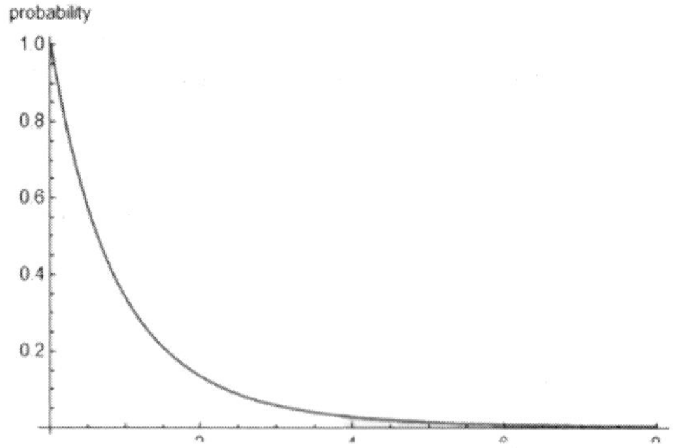

[그림 3.1.8] $F_{test}(=3.78) < F_{critical}(=3.88)$이므로 귀무가설을 기각할 수 없음

```
FindRoot[CDF[FRatioDistribution[2, 12], x] == 0.95, {x, 2}]
Fcritical = x /. %
{x → 3.88529}
3.88529
```

[그림 3.1.9] $F_{critical}$값을 구하는 프로그램

통계 이론에서 이런 경우 p value를 구해서 판단하는데 p value값은 다음과 같이 구합니다.

```
pValue = FindRoot[CDF[FRatioDistribution[2, 12], Ftest] == 1 - p, {p, 0.5}]
pValue = p /. %
{p → 0.053269}
0.053269
```

[그림 3.1.10] F_{test}값의 p value를 구하는 프로그램

treatment 편차에 의한 분산과 표본 오차에 의한 분산의 비 F값이 F_{test}보다 클 확률이 p라는 의미입니다.

앞의 예에서 평균의 차이가 큼에도 불구하고 3 업체의 평균이 동일하다는 귀무가설을 기각하지 못하는 사례를 보았습니다. 3 업체의 샘플이 어떤 형태의 값을 가질 때 기각을 하게 되는지 의미를 알아보기 위하여 동일한 모집단에서 3개 업체가 5개씩 샘플 하는 예를 천 회 반복하여 F_{test}값이 $F_{critical}$보다 커지는 경우와 작은 경우의 샘플분포의 형태를 보기로 합니다.

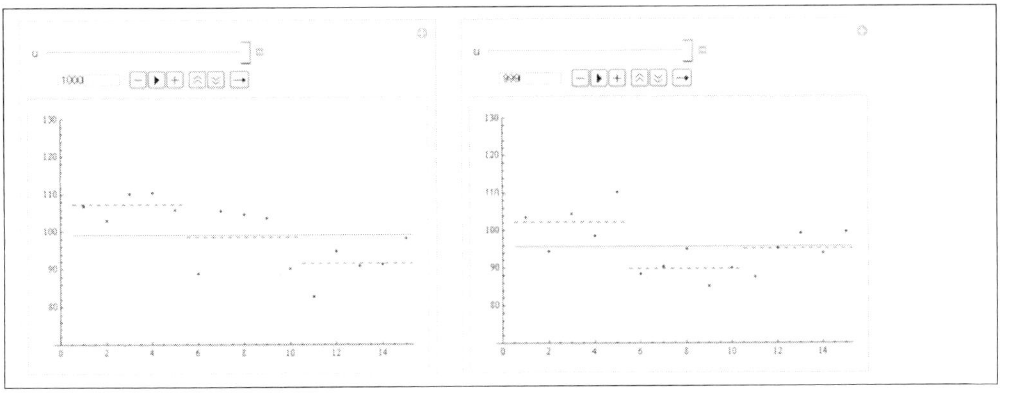

[그림 3.1.11] 동일한 모집단에서 3 업체의 샘플을 취한 결과를 이용하여 one-way ANOVA 분석 시 F값이 큰 예.

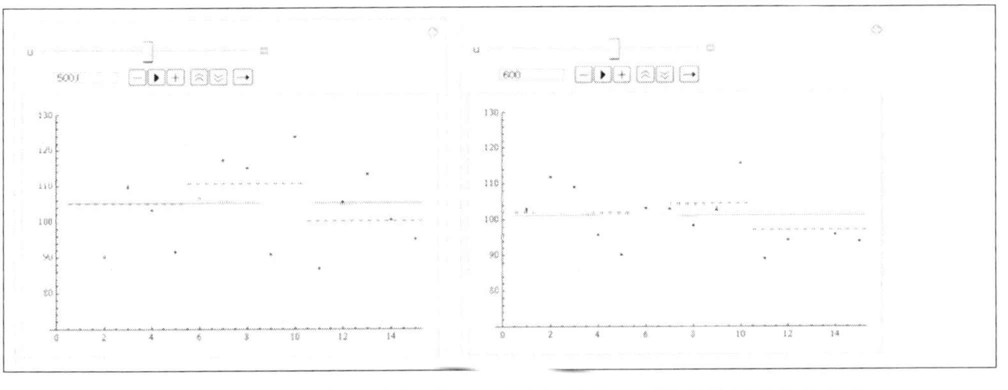

[그림 3.1.12] F값이 중간인 예 1000회 중에서 500번째와 600번째 사례

"Appendix 05. F값에 따른 분포 형상 시뮬레이션"의 프로그램으로 천 회 반복 실시한 결과 중 F값이 가장 큰 경우, 작은 경우 등의 샘플분포의 형태를 [그림 3.1.11]~

[그림 3.1.13]에 나타내었습니다. [그림 3.1.11]에서 F값이 큰 경우는 업체 내의 샘플의 분산이 적고 업체 간의 분산이 큰 형상을 갖고 있음을 알 수 있습니다. [그림 3.1.13]에서와 같이 F값이 작은 경우는 업체 내의 샘플의 분산에 대해서 업체 간의 분산이 극히 적은 형상이며 [그림 3.1.12]에서와 같이 F값이 중간인 경우는 업체 내의 샘플 분산과 업체 간의 분산이 비슷한 형상을 가지고 있음을 알 수 있습니다.

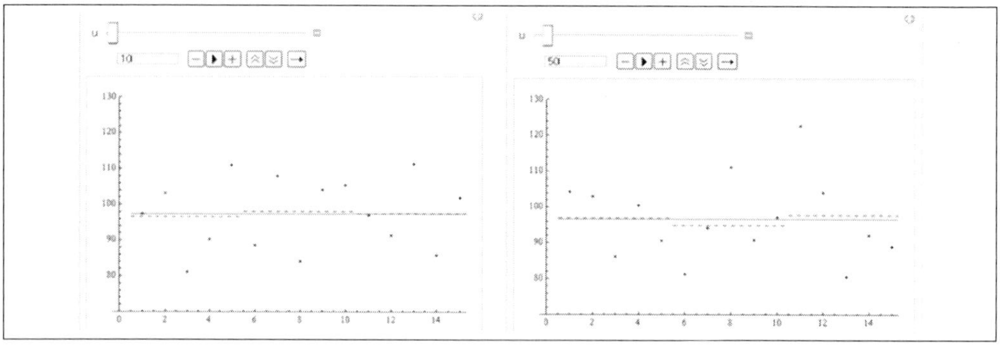

[그림 3.1.13] F값이 작은 예. 1000회 중 10번째와 50번째 사례

[표 3.1.1]에 One-Way ANOVA 분산 분석표의 일반적인 형식을 나타내었습니다.

[표 3.1.1] One-Way ANOVA 분산 분석표의 일반적인 예

변동원인	Sum of Squares	자유도	제곱 평균	F값	$F_{critical}$
Treatment	ssT	$c-1$	msT	msT/msE	$F_{\alpha/2,\nu_1,\nu_2}$
표본 오차	ssE	$c\cdot(r-1)$	msE	-	-
합계	TotalSS	$n-1$	-	-	-

* table note : 자유도에서 행의 수는 r이며, 열의 수는 c이다.(업체당 r개의 샘플을 취하며, c개의 업체를 평가할 때)

상기 가설검정 결과를 [표 3.1.1]의 일반적인 형식으로 다시 [표 3.1.2]로 표현합니다. 이에 $F_{test}(=3.78) < F_{critical}(=3.88)$이므로 귀무가설을 기각할 수 없습니다.

[표 3.1.2] One-Way ANOVA

변동원인	Sum of Squares	자유도	제곱 평균	F값	$F_{critical}$
회사별	ssT	2	557.148	3.7815	3.88529
표본 오차	ssE	12	147.335	-	-
합계	TotalSS	14	-	-	-

3.2 Two-Way ANOVA

앞 절에서 배운 One-Way ANOVA에서는 factor가 1개인 경우의 가설검정이라고 하면 factor가 2개인 경우의 가설검정 문제는 Two-Way ANOVA를 이용하여 해결합니다. factor가 3개 이상인 경우는 전문적 통계 교재를 참조하기를 부탁드리면서 여기서는 factor가 2개인 경우의 가설검정 방법을 배우기로 합니다.

사례는 CQE교재 [1]의 사례를 이용하여 설명하고자 합니다.

공학 문제가 아닌 농업 문제를 사례로 드는 것이 독자들의 관심을 줄이는 것이 될까 걱정되기도 하지만 ANOVA 개념을 이해하는 데는 도움이 되는 것 같아서 설명하기로 합니다. 농사를 짓는데 비료의 효과를 알아보기 위해서 동일한 면적에 서로 다른 조합으로 퇴비와 화학비료를 준 결과 농산물의 생산량이 [표 3.2.1]과 같이 측정 되있습니다. 하나의 조합에 대해서 3회 반복 실험한 결과입니다. 각각의 조합은 treatment라고 합니다. 이 경우 treatment가 6개입니다.

factor는 독립 변수이며 그 양(크기, 강도)가 실험자에 의해서 제어됩니다. 예를 들어서 상기 실험 예에서 퇴비와 화학비료는 각각 factor입니다.

2개 factor에 의한 실험 결과 [표 3.2.1]과 같은 결과를 얻었다고 합시다. factor의 강도(intensity) 설정이 Level이고, 이는 정량적인 값이 될 수도 있는데 예를 들어서 단순히 "있다" 또는 "없다"("0" 또는 "1")로 나타낼 수도 있습니다. Level은 $10\,gr/m^2$, $20\,gr/m^2$, $30\,gr/m^2$ 와 같이 정량적으로 쓸 수도 있고 질소비료, 인산비료, 칼리비료 등과 같이 범주형 변수로 쓰일 수도 있습니다.

[표 3.2.1] Two-Way ANOVA 예

factor 1 (퇴비)	factor 2 (화학 비료)		
	Level 1	Level 2	Level 3
level 1	88	68	76
	84	62	70
	92	72	78
Level 2	60	44	60
	68	50	52
	58	52	56

Two-Way ANOVA 분석의 경우에도 가설은 One-Way ANOVA와 동일한 형태로 쓰입니다.

귀무가설 H_0: $\mu_1 = \mu_2 = \ldots = \mu_t (t$: treatment 수)

대립가설 H_1 : At least one mean different………………………… (3.2.1)

귀무가설은 모든 treatment 결과가 다 동일한 모집단에서 나온 것이라고 가정하는 것입니다. [그림 3.2.1]을 이용하여 설명하기로 합니다. (a)는 factor 1의 Level에 따른 생산량을 3D로 그린 결과입니다. factor 1의 Level 1의 결과 9개를 모은 집합을 d1xs라 하고 Level 2의 결과 9개를 모은 집합을 d2xs라고 합시다. d1xs의 평균을 $\overline{d1x}$, d2xs의 평균을 $\overline{d2x}$라 하고, 전체 평균을 GM(Grand Mean)이라고 합시다. 그림 (b)에 d1xs와 전체 평균 GM 사이의 거리와(거리의 제곱은 변동) d2xs와 전체 평균 GM 사이의 거리를 나타내었습니다. 총변동은(total_SS) [그림 (b)]의 실선의 길이의 제곱을 합한 값입니다. [그림 (c)]에 d1xs와 그 평균 $\overline{d1x}$ 사이의 변동과 d2xs와 그 평균 $\overline{d2x}$ 사이의 거리를 나타내었는데 [그림 (c)]의 실선의 길이의 제곱이 표본 오차에 의한 변동(ssE)이 됩니다. [그림 (d)]에는 d1xs의 각 원소에 대해서 그 평균 $\overline{d1x}$와 전체 평균 GM 사이의 거리 및 d2xs의 원소에 대해서도 그 평균 $\overline{d2x}$와 전체 평균 GM 사이의 거리를 나타내었는데 [그림 (d)]의 실선의 길이의 제곱의 합은 factor 1의 treatment에 의한 변동이 됩니다.

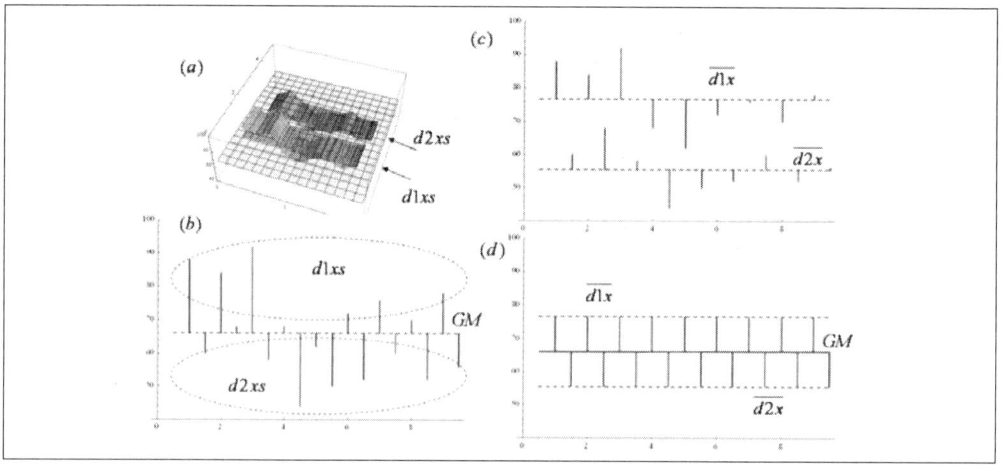

[그림 3.2.1] factor 1에 의한 변동의 분해

[그림 3.2.2]는 factor 2의 level에 따른 생산량을 3D로 그린 결과입니다. factor 2의 각각의 level의 결과 6개씩을 모은 집합을 각각 dx1s, dx2s, dx3s라 합시다. 이들의 평균을 각각 $\overline{dx1}$, $\overline{dx2}$, $\overline{dx3}$ 그리고 이들의 전체 평균을 GM(Grand Mean)이라 합시다. [그림 (b)]에 각 집합의 원소들과 전체 평균 GM 사이의 거리를 나타내었습니다. 총변동은(total_SS) [그림 (b)]의 실선의 길이의 제곱을 합한 값입니다. [그림 (c)]에 각 집합의 원소와 그 집합의 평균 사이의 거리를 나타내었는데 [그림 (c)]의 실선의 길이의 제곱이 표본 오차에 의한 변동(ssE)이 됩니다. [그림 (d)]에는 각 집합의 모든 원소에 대해서 집합의 평균 $\overline{dx1}$, $\overline{dx2}$, $\overline{dx3}$과 전체 평균 GM 사이의 거리를 나타내었는데 [그림 (d)]의 실선의 길이의 제곱의 합은 factor 2의 treatment에 의한 변동이 됩니다.

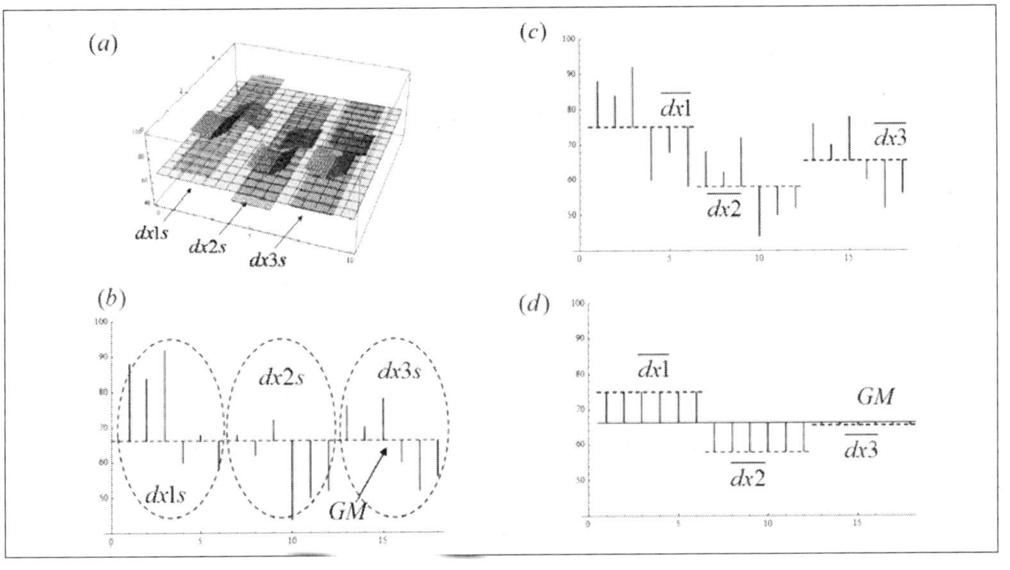

[그림 3.2.2] factor 2에 의한 변동의 분해

앞에서 설명한 변수의 정의를 기초로 가설검정을 위한 data table을 [표 3.2.1]과 같이 만들 수 있습니다. 이 table을 기초로 [표 3.2.2]의 Two-Way ANOVA 분석 table 형식에 따라서 계산한 결과를 [표 3.2.3]에 나타내었습니다.

자유도의 계산은 total 샘플 수를 N이라고 하면

treatment 1의 자유도 : Treatment1_DF=treatment 1 개수−1=T1_DF

treatment 2의 자유도 : Treatment2_DF=treatment 2 개수−1=T2_DF

표본 오차의 자유도 : error_DF=(N−1)−(T1_DF+T2_DF)=E_DF

가 됩니다.

[표 3.2.2] Two−Way ANOVA 준비 table

	treatment 2			set	평균	treatment 1에 의한 변동	rowSS
treat−ment 1	$d11s$ {88,84,92}	$d12s$ {68,62,72}	$d13s$ {76,70,78}	$d1xs$	$\overline{d1x}$	$\sum(\overline{d1x}-GM)^2$	treatment 1에 의한 변동의 합 =2005.56
	$d21s$ {60,68,58}	$d22s$ {44,50,52}	$d23s$ {60,52,56}	$d2xs$	$\overline{d2x}$	$\sum(\overline{d2x}-GM)^2$	
set	$dx1s$	$dx2s$	$dx3s$	−	−	−	−
평균	$\overline{dx1}$	$\overline{dx2}$	$\overline{dx3}$	−	−	−	−
treat−ment 2에 의한 변동	$\sum(\overline{dx1}-GM)^2$	$\sum(\overline{dx2}-GM)^2$	$\sum(\overline{dx3}-GM)^2$	−	−	−	−
colSS	treatment 2에 의한 변동합 =872.44			−	−	−	−
totalSS	totalSS=Total[MapThread[(#1−GM)^2+(#2−GM)^2 &,{d1xs,d2xs}]]=3171.78 : 모든 원소와 GM 과의 편차 제곱의 합						
ssE	ssE=totalSS−colSS−rowSS=293.778						

[표 3.2.3] Two−Way ANOVA의 일반적인 분석 예

변동 원인	Sum of Squares	자유도	제곱 평균	F값	$F_{critical}$
Treatment1	ssT1	$t1-1$	msT1	msT1/msE	$F_{\alpha,(t1-1),(N-t1-t2+1)}$
Treatment2	ssT2	$t2-1$	msT2	msT2/msE	$F_{\alpha,(t2-1),(N-t1-t2+1)}$
표본 오차	ssE	$N-t1-t2+1$	msE	−	−
합계	TotalSS	$N-1$	−	−	−

* table note : 자유도에서, $t1$: treatment 1의 종류 수, $t2$: treatment 2의 종류 수, N : 총샘플 수

[표 3.2.4] Two-Way ANOVA

변동 원인	Sum of Squares	자유도	제곱 평균	F값	$F_{critical}$
Treatment1	ssT1	1	2005.56	95.59	4.60
Treatment2	ssT2	2	436.22	20.79	3.74
표본 오차	ssE	14	20.98	–	–
합계	TotalSS	17	–	–	–

treatment 1에 대해서 $F_{test}(=95.59) > F_{critical}(=4.6)$이므로 귀무가설을 기각합니다. treatment 2에 대해서 $F_{test}(=20.79) > F_{critcical}(=3.74)$이므로 귀무가설을 기각합니다.

즉, treatment에 따라서 생산량은 차이가 있다는 사실을 알게 된 것입니다. 이후 어느 treatment가 가장 효과가 좋은지 또 treatment 간 교호 작용은 없는지 등을 구하는 방법은 전문 서적을 참조해 주시기 바랍니다.

04

측정

4.1 계측기 오차

제품을 만들기 위해 저항 39[kΩ] 5개를 창고에서 가져왔습니다. 저항의 오차 spec은 ±5% 입니다. 이 부품이 오차 범위 내에 들어가는지 확인하기 위해 테스터를 사용해서 [표 4.1.1]의 측정결과를 얻었습니다.

[표 4.1.1] 시료 저항 측정값

시료 번호	저항값 [kΩ]
1	38.70
2	38.64
3	38.82
4	39.44
5	38.68

[표 4.1.1]로부터 우리는 [표 4.1.2]와 같은 통곗값을 얻을 수 있습니다.

[표 4.1.2] 시료 저항 통곗값

구분	저항값 [kΩ]
평균	38.856
표준편차	0.333
평균+3 σ[4]	39.856
평균−3 σ	37.856

4) 정확한 표현은 평균 $+3 \cdot S_{n-1}$

[표 4.1.2]의 통곗값으로부터 부품이 spec 범위 내에 드는 합격품이라고 판정할 수 있을까요?

앞에서 측정한 테스터(테스터A)의 spec을 살펴보면 다음과 같습니다.

[표 4.1.3] 히오키 CARD HiTESTER 3244−60(테스터 A) 저항 spec

Function	Range	Best Accuracy
Resistance	420.0Ω 4.200kΩ 42.00kΩ 420.0kΩ 4.200MΩ 42.00MΩ	±2.0% rdg, ±4 dgt

[표 4.1.3]에 근거하여 저항값에 따른 오차율을 그려보면 [그림 4.1.1]과 같이 그려집니다.

Auto range selection이 이루어진다고 가정하면 40Ω 이상의 저항 측정 시에는 최대 오차가 ±3%를 넘지 않는 것을 알 수 있으며 5Ω 이하의 경우는 측정오차가 10%를 넘을 수도 있음을 알 수 있습니다. 예를 들어서 3.3Ω을 측정하는 경우 계측기의 표시가 003.3으로 표기되어 지시값의 ±2.0% rdg에 의한 오차는 3.3×0.02=0.066Ω이나 ±4 dgt에 의한 오차는 0.4Ω이 됩니다. 2개 오차를 합한 최대 오차는 0.466Ω으로 측정값 3.3Ω의 ±14% 이내에 참값이 존재한다고 말할 수 있게 됩니다.

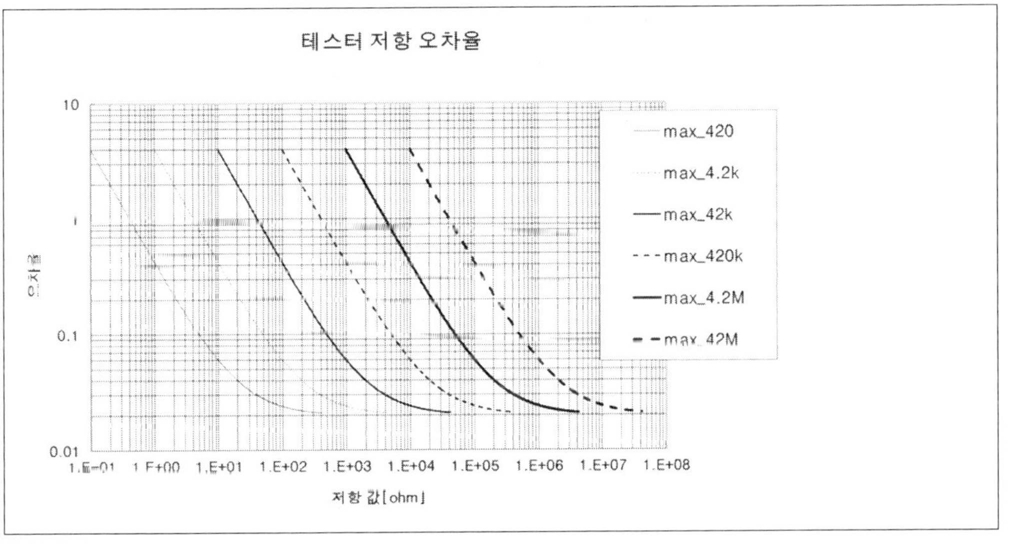

[그림 4.1.1] 히오키 CARD HiTESTER 3244−60 테스터의 저항값에 따른 오차율

[표 4.1.3]의 accuracy를 근거로 측정한 저항값의 오차 범위를 알아보면 다음과 같습니다.

측정값 : 38.37 kΩ

오차범위 ┌ 상한 : + 2% rdg. + 4 dgt = 0.7674 + 0.04 ⇒ 39.18
　　　　 └ 하한 : − 2% rdg. − 4 dgt =− 0.7674 − 0.04 ⇒ 37.56

저항의 spec은 39 kΩ ± 5% 로서 USL : 40.95, LSL : 37.05spec in의 합격품임을 알 수 있습니다.

[그림 4.1.2]에 테스터의 오차가 2 %인 경우의 표시값과 참값의 관계를 나타내었습니다. 직선 L0는 테스터의 오차가 0인 경우 표시값과 참값이 동일함을 나타내는 직선이며 직선 L1은 표시값의 참값에 대한 오차가 −방향으로 최대여서 표시값보다 참값이 더 큰 경우의 graph이고, 직선 L2는 반대의 경우로서 표시 값보다 참값이 −방향으로 최대인 경우의 오차 범위를 나타냅니다. 표시값이 100 %인 경우 참값의 범위는 98 %에서 102 %로 범위 폭이 4 %이지만 표시값이 105 %인 경우에는 참값이 범위는

$$102.9\% \, (105 \times 0.98 = 102.9) \text{에서 } 107.1\% \, (105 \times 1.02 = 107.1)$$

가 되어 범위 폭이 4.2 %로 변합니다.
따라서 L0는 직선이지만 L1, L2는 직선이 아니고 곡선이지만 [그림 4.1.2]에서는 편의상 직선처럼 보이게 그렸습니다.

[그림 4.1.2]의 아랫부분에는 표시 저항값과 합격률의 관계를 나타내는 그래프를 표시하였습니다. 표시값이 97 %∼103 % 범위 내에 있으면 참값은 95 %∼105 % 이내에 들게 되어 합격률이 100 %가 됩니다. 계측기가 참값에 비해서 +방향으로 오차가 있는 경우에는 [그림 4.2]의 A1 부분에서와 같이 표시값은 95 % 이상이어서 합격인 것처럼 보이지만 참값은 95 % 이하인 경우가 있을 수 있습니다 또 B2 부분에서와 같이 표시값은 105 % 이상이어서 불합격인 것처럼 보이지만 참값은 105 % 이하로서 합격인 부품일 수가 있습니다. A1, A2 부분은 참값은 불합격인데 계측기 오차에 의해서 합격으로 판정되며, B1, B2 부분은 참값은 합격인데 계측기 오차에 의해서 불합격으로 판정됩니다.[5)]

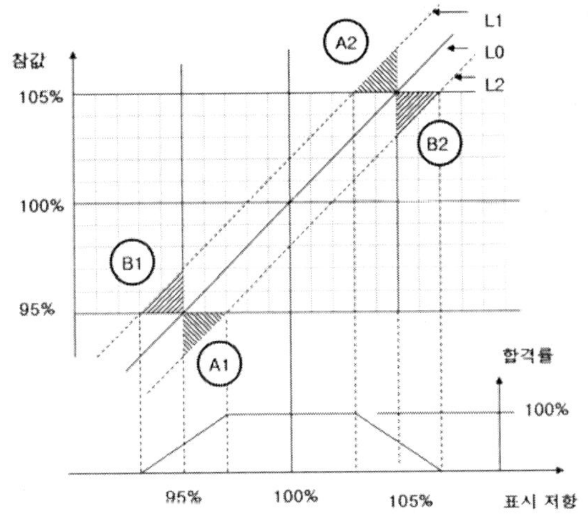

[그림 4.1.2] 테스터 표시 저항의 오차

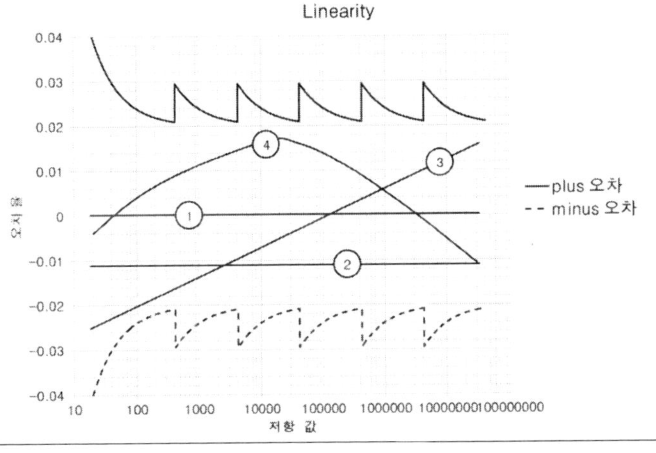

[그림 4.1.3] Linearity 설명도

테스터의 측정 오차는 측정 범위에 따라서 달라질 수가 있습니다. [그림 4.1.3]에 테스터 A의 측정 범위에 따른 오차 범위를 표시 하였습니다. 가장 이상적인 것은 진 측정 범위에 걸쳐서 오차가 0인 선 1의 특성을 갖는 것입니다. 그러나 실제의 테스터는 선 2, 3, 4 등 여러 형태의 값을 가질 수 있을 것이며 테스터 업체에서는 종합적으로 [표 4.1.3]과 같은 spec으로 계측기를 관리합니다. 따라서 일반 소비자는 39 kΩ 측정

5) 6 σ 이론에 의하면 A1, A2 부분은 불량품이 합격으로 판정되므로 β risk에 해당되며 B1, B2 부분은 양품인데 불량으로 판정되므로 α risk에 해당됩니다.

시 오차가 −1 %이었다고 해서 동일한 계측기가 3.9 kΩ을 측정할 때에도 −1 %일 것이라고 가정할 수 없습니다. [그림 4.1.3]을 보고 우리는 테스터 A를 이용해서 1 % 오차의 저항을 측정하여 합격/불합격을 판정하는 것은 옳지 않은 방법임을 알 수 있습니다. 1 % 오차의 저항을 측정하기 위해서는 [표 4.1.4]에 나타낸 것과 같은 저항 측정 정확도를 갖는 테스터 B 이상의 계측기를 사용하여야 합니다. 테스터 B를 사용한다 하더라도 [그림 4.1.2]에서 설명한 바와 같이 계측기 오차에 의한 오류가 있을 수 있음을 생각하고 측정 결과를 이용하여야 합니다.

[표 4.1.4] 테스터 B의 저항 오차 spec

Resistance

Range	Resolution	Accuracy	Test Current	Max Open Circuit Voltage
400 Ω	100 mΩ	±(0.2 %+1)[1]	< 0.8 mA	< 3.2 V
4.0 kΩ	1 Ω	±(0.2 %+1)	< 80 μA	< 1.1 V
40 kΩ	10 Ω		< 10 μA	
400 kΩ	100 Ω		< 1.1 μA	
4.0 MΩ	1 kΩ	±(0.5 %+1)	< 110 nA	
40 MΩ	10 kΩ	±(1.2 %+1)		

[1]After Zero adjust of input leads. Zero adjust range up to 9.9 Ω

4.2 정확도와 정밀도

프로세스/제품의 관찰된 변동의 요인을 [그림 4.2.1]에 나타내었습니다.[2]

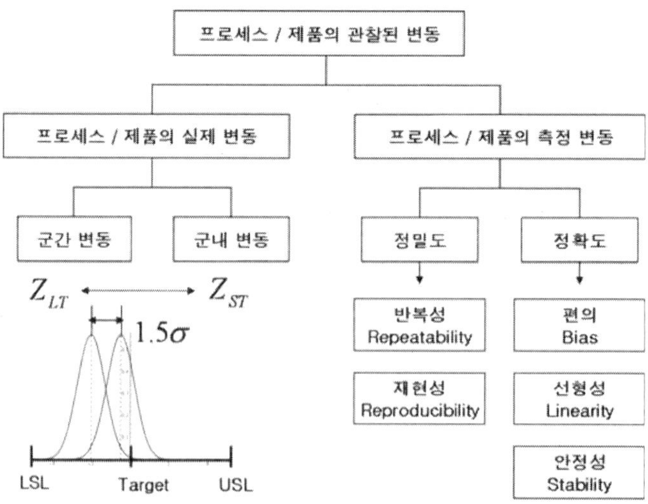

[그림 4.2.1] 프로세스의 관찰된 변동은 실제변동뿐 아니라 측정 시스템의 변동을 포함합니다.

우리들이 통상 부품의 특성치가 spec 범위 이내인지 확인하는 경우는 부품의 참값을 기준으로 판단합니다. 그러나 실제 부품의 특성을 측정하기 위해서는 측정 시스템이 필요하고 측정 시스템에 의한 변동을 포함하여 부품의 특성을 판단하게 됩니다.

정확도와 정밀도를 알기 쉽게 이해하기 위해서 과녁에 맞춘 상태를 [그림 4.2.2]에 표시하였습니다.

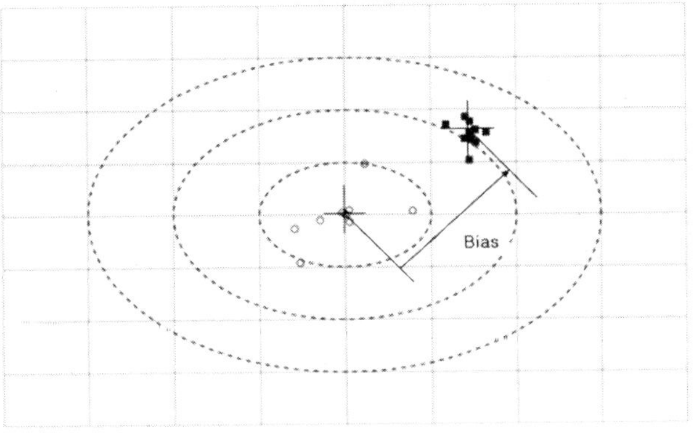

[그림 4.2.2] 정확도 정밀도 차이 그림(표 4.2.1 참조)

[표 4.2.1] 정확도와 정밀도 차이점

	정확도	정밀도
흰 원	높다	낮다
검은 네모	낮다	높다
판단 기준	바이어스	분산

[그림 4.2.2]를 기준으로 정확도와 정밀도의 표현방법을 [표 4.2.1]에 나타내었습니다. 정확도는 바이어스를 기준으로 판단하는데 바이어스는 샘플의 평균과 target과의 거리를 의미합니다. 따라서 하얀 원이 바이어스가 작기 때문에 정확도가 높다고 표현합니다. 한편 정밀도는 분산을 기준으로 판단하는데 10개 sample의 분산이 검은 네모 표식이 더 작기 때문에 검은 네모 표식이 정밀도가 더 높다고 표현합니다.

정확도는 편의(Bias), 선형성(Linearity)와 안정성의 요소에 의해서 결정됩니다.(그림 4.2.1) 앞 절의 예에서와 같이 공칭저항 39[kΩ] 저항을 측정하는 경우를 생각해 봅니다. 만일 계측기의 선형성이 [그림 4.1.3]의 선 4와 같은 특성을 가진 계측기라고 하면 39 kΩ을 측정할 때 약 +1.5% 정도의 오차가 있음을 알 수 있습니다. 만일 측정된 저항값이 정확하게 39.000 kΩ이라면 이 저항의 참값은 $39 \times 1.015 = 39.585$ kΩ인 셈입니다. 이 계측기로 39.585 kΩ의 저항을 측정하면 참값[6])보다 약 −1.5% 정도 작게 표시되는 것을 알 수 있습니다. 이 −1.5 %가 이 계측기로 39.585 kΩ을 측정할 경우의 편의[Bias]가 됩니다.

이 계측기는 39 kΩ을 측정할 때 약 −1.5 %의 오차가 있음을 아는 상태에서 200 [Ω]을 측정하고자 하는 경우를 생각해 봅니다. 200 Ω저항을 측정할 경우에도 역시 오차가 −1.5% 발생할까요?

이 계측기의 Linearity 특성을 [그림 4.1.3]을 이용해서 알아봅니다. 계측기가 곡선 4의 특성을 가지고 있다면 저항이 200 Ω 근처에서는 오차가 약 −0.5 %임을 알 수 있습니다. 따라서 이 계측기로 정확하게 200 Ω 피 측정 저항을 측정한다면 표시되는 값은 −0.5 %인 199 Ω 근처의 값을 표시할 것입니다. 이와 같이 측정 범위에 따라서 측정 오차가 달라지는 정도를 나타내는 지표가 선형성(Linearity)입니다.

우리가 일반적으로 테스터를 사용할 때 이와 같이 각 저항 값마다 오차가 얼마인지 평가한 후에 사용하는 것이 거의 불가능하기 때문에 테스터 사용자는 현재 사용하는 테스터의 최대 오차가 얼마인지 파악한 후 측정값에서 테스터의 최대 오차는 있을 수 있다는 것을 염두에 두고 측정값을 활용하여야 합니다. 예를 들어서 사용하는 테스터의 오차 spec이 ±2 %이고 부품의 spec이 ±5 %인데 측정 결과가 −4 %의 오차로 측정 되었다면 이 부품이 spec in이라고 판정하는 데는 오류가 있을 수 있음을 염두에 두시기 바랍니다.

한편 이와 같은 편의(Bias)와 선형성(Linearity) 특성이 온습도의 변화나 시간의 변화에도 항상 일정한지에 대한 여부도 확인을 하고 계측기를 사용하여야 할 것입니다. 이런 성질이 정확도의 안정성에 해당됩니다.

반복성(Repeatability)과 재현성(Reproducibiliity)의 용어를 정확히 이해하기 위해서 참고 문헌 [3]에서 표현한 내용을 인용합니다.

Repeatability는 모든 factor를 일정하게 한 상태에서 측정을 반복할 때 동일한 값을 얻는 정도를 나타내는 측정 process의 능력을 나타내는 척도이다. 동일한 환경에서

6) 통상 오차의 표현은 참값에 대한 측정값의 오차를 의미하는데 tester A의 spec에 의하면 정확도(Accuracy)의 표현을 측정값에 대한 오차로 표현하고 있다.(±2% Reading). 이 경우 측정값을 기준으로 참값이 $+x\%$ 오차가 있다면 측정값은 참값의 $100/(100+x)$이 된다. $x \ll 100$인 경우 참값에 대한 측정값의 오차는 대략 $-x\%$가 된다.

동일한 계측기로 동일 작업자가 연속해서 측정하는 경우의 결괏값으로 판정한다. Repeatability의 정의는 정밀도의 정의와 유사하다. Reproducibility는 모든 관련되는 factor들이 통상적으로 변하는 조건하에서 측정을 반복할 때 동일한 값을 얻는 정도를 나타내는 측정 process의 능력을 나타내는 척도이다. 통상적으로 변하는 조건이라 함은 환경이 통상적인 limit 범위 내에서 움직이고, 작업자가 동일하지 않을 수도 있고, 심지어 계측기나 치구들도 실제 상황에서 정기적으로 바뀐다면 변경될 수 있는 조건을 말한다. 측정은 긴 시간 동안 이루어진다.

부록

Appendix 01

매쓰매티카 명령어 소개

본서에서는 매쓰매티카 program을 이용해서 계산 결과를 소개하는 내용이 많이 있습니다. 저는 통계 목적으로 사용하기 때문에 자주 사용하는 명령어들이 있고 이 명령어의 개념을 이해하시면 책장을 넘기는 데 도움이 되는 내용들을 모아 보았습니다.

A 1.1 Basic Commands

먼저 리스트를 만들고 이들을 다루는 기법들을 알아보겠습니다. 그 전에 제일 먼저 알아야 할 것은 실행 key인 "shift+enter" key 활용입니다. 프로그램 리스트에 커서를 두고 shift key 와 enter key를 동시에 누르시면 그 프로그램이 실행됩니다.

아래 cell의 1+1이 있는 cell에 커서를 두시고 shift+enter key를 눌러 보시기 바랍니다.

```
1 + 1
2
```

먼저 1, 2, ..., 5의 리스트를 만들고 그 이름을 dt001로 하는 프로그램을 작성해 봅니다.

```
dt001 = Table[i, {i, 5}]
{1, 2, 3, 4, 5}
```

다음 dt001의 각 원소를 제곱한 리스트를 만들고 그 이름을 dt002로 합니다. Superscript i^2이 익숙하지 않으시면 i^2를 사용하셔도 됩니다.

```
dt002 = Table[i^2, {i, 5}]
{1, 4, 9, 16, 25}
```

두 리스트를 합한 dt003을 만들어 봅니다.

```
dt003 = {dt001, dt002}
{{1, 2, 3, 4, 5}, {1, 4, 9, 16, 25}}
```

dt003 리스트를 matrix form으로 표현해 봅니다. 매쓰매티카에서 "%" 기호는 이전에 실행했던 명령을 의미합니다. 따라서 아래 프로그램에서 "%" 대신에 dt003을 사용하여도 동일한 결과를 얻습니다.

```
In[5]:= MatrixForm[%]

Out[5]//MatrixForm=
 (1  2  3  4   5)
 (1  4  9  16  25)

In[6]:= MatrixForm[dt003]

Out[6]//MatrixForm=
 (1  2  3  4   5)
 (1  4  9  16  25)
```

여기서 우리가 알 수 있는 것은 리스트 dt001, dt003이 숫자들이 옆으로 길게 늘어선, 즉 열로 이루어진 리스트라는 것입니다. 이들을 transpose하면 아래로 길게 늘어선 리스트로 만들 수 있습니다. dt001은 one−dimensional list이기 때문에 transpose가 안 된다고 합니다.

```
In[7]:= dt004 = Transpose[dt003]
Out[7]= {{1, 1}, {2, 4}, {3, 9}, {4, 16}, {5, 25}}

In[8]:= MatrixForm[%]
Out[8]//MatrixForm=
 1  1
 2  4
 3  9
 4  16
 5  25

Transpose[dt001]
Transpose::nmtx : The first two levels of {1, 2, 3, 4, 5} cannot be transposed. >>
Transpose[{1, 2, 3, 4, 5}]
```

여기서 Map의 개념을 설명해 드리고자 합니다. 기존에 Do loop를 이용해서 풀던 프로그램을 매우 간단하게 풀 수 있는 명령어이므로 그 개념을 확실히 이해하고 숙달시켜 주시기 바랍니다. 아래 프로그램에서는 리스트 dt001의 각각의 원소를 #로 하여 만들어진 결과 set를 모든 dt001의 원소에 대해서 실행한 결과가 얻어집니다.

```
dt005 = Map[{#, 3 * #} &, dt001]
{{1, 3}, {2, 6}, {3, 9}, {4, 12}, {5, 15}}
```

MapThread는 Map과 유사한데 2개 이상의 리스트의 원소를 이용하는 경우 사용합니다. 아래 프로그램에서는 dt001의 원소를 #1로 하고 dt002의 원소를 #2로 하여 연산한 결과를 dt001과 dt002의 모든 원소에 대해서 실행한 결과가 dt006으로 얻어집니다.

```
dt006 = MapThread[{#1, #2, #1 + #2} &, {dt001, dt002}]
{{1, 1, 2}, {2, 4, 6}, {3, 9, 12}, {4, 16, 20}, {5, 25, 30}}
```

A 1.2 리스트의 원소로 장난 놀기(Manipulating Elements of List)

제목이 유치해서 다른 이름으로 바꿀까 하다가 제가 말씀드리고 싶은 것이 이 개념이기 때문에 또 가장 정확히 제가 하고 싶은 말을 나타낸다고 보기 때문에 그대로 두고 영어로 manipulate 라는 단어를 추가 하였습니다.(영어 사전을 찾아보니 handle skillfully로 설명되어 제가 말하고 싶은 의미와 일치합니다.)

(1) Part

리스트의 원소를 선택하는 명령어입니다.

```
Part[dt001, 3] (* dt001 의 3번째 원소 *)
dt001[[3]]     (* dt001 의 3번째 원소 *)
dt001[[1 ;; 3]] (* dt001 의 1번째 부터 3번째 까지 원소 집합 *)

3

3

{1, 2, 3}
```

(2) Position

찾는 원소가 있는 위치를 나타냅니다. dt102의 예는 찾는 원소 1이 dt101의 첫 번째와 4번째 원소라는 것을 알 수 있습니다.

```
dt101 = {1, 2, 3, 1, 2};
dt102 = Position[dt101, 1]

{{1}, {4}}
```

(3) Flatten

Nested list를 평평하게 합니다.(중첩되어 있는 중괄호를 모두 없앱니다.)

```
Flatten[dt102]

{1, 4}
```

(4) Drop

리스트의 처음부터 몇 개, 몇 번째, 또는 뒤부터 몇 개의 원소를 삭제하라는 명령입니다.

```
dt103 = Drop[dt101, 1] (* 첫번째 원소 삭제 *)
{2, 3, 1, 2}

dt103x1 = Drop[dt101, {3}] (* 3번째 원소 삭제 *)
{1, 2, 1, 2}

dt104 = Drop[dt101, -1] (* 마지막 원소 삭제 *)
{1, 2, 3, 1}
```

(5) Append , Prepend

앞뒤에 필요한 원소를 추가합니다.

```
dt105 = Append[dt101, 0]
{1, 2, 3, 1, 2, 0}

dt106 = Prepend[dt101, 0]
{0, 1, 2, 3, 1, 2}
```

(6) Length

리스트의 원소의 개수를 나타냅니다.

```
dt101
Length[dt101]
{1, 2, 3, 1, 2}

5
```

(7) partition

리스트의 원소를 몇 개씩 묶어서 리스트를 만듭니다.

```
dt107 = Append[dt101, 3]
{1, 2, 3, 1, 2, 3}

dt108 = Partition[dt107, 2]
{{1, 2}, {3, 1}, {2, 3}}
```

(8) Sort

순서대로 정렬합니다.

```
dt109 = Table[i, {i, 5}]
dt110 = Reverse[dt109] (* 순서 거꾸로 만들기 *)
dt111 = Sort[dt110, #1 < #2 &]
{1, 2, 3, 4, 5}
{5, 4, 3, 2, 1}
{1, 2, 3, 4, 5}
```

(9) ReplaceAll(/.)

주어진 값, 형식을 가진 원소를 다른 값, 형식으로 변환합니다.

```
{x, x^2, y, z} /. x -> a
{a, a^2, y, z}
```

(10) Condition(/;)

예를 들어서 음수인 숫자를 모두 w로 변환하라는 명령은 다음과 같습니다.

```
{6, -7, 3, 2, -1, -2} /. x_ /; x < 0 → w
{6, w, 3, 2, w, w}
```

Appendix 02

평균의 분포 시뮬레이션 예

정규분포를 하는 모집단에서 n개의 샘플을 취해 그 평균의 분포를 시뮬레이션 하는 과정을 공학용 software인 매쓰매티카 프로그램을 이용해서 설명 드립니다. 이 프로그램을 설명해 드리는 이유는 엑셀로도 동일한 시뮬레이션을 수행할 수 있으나 매쓰매티카를 이용하는 경우 엑셀보다 훨씬 짧은 시간에 프로그램을 만들 수 있으며 향후 다른 시뮬레이션에서 modify하여 사용하는 데 도움이 될 것으로 판단되어 소개드립니다.

```
μ = 100; σ = 10;
f[μ_, σ_] := RandomVariate[NormalDistribution[μ, σ]]
tryNum = 3;
dt1 = Table[i, {i, 4}]
dt2 = Map[f[μ, σ] &, dt1]
{1, 2, 3, 4}
{91.9813, 109.789, 102.724, 98.2116}
```

[그림 A 2.1] 샘플 취하기 1

이 부분은 평균 μ, 표준 편차 σ인 모집단에서 무작위 샘플을 취하는 과정입니다.

2행의 $f[\mu\_, \sigma\_]$ 함수는 μ와 σ로 정의되는 정규분포로부터 샘플을 취하는 함수를 자주 사용하는 경우 다른 이름으로 사용하기 위해 사용자가 정의한 것입니다. tryNum은 시도 횟수로서 4개의 샘플을 만 번, 10만 번 하고 싶으면 tryNum을 정의해 주면 됩니다. 여기서는 예를 보여드리기 위해서 3번 반복하는 것으로 하였습니다. dt1은 4개의 샘플을 취할 것이기 때문에 1부터 4까지의 리스트를 만든 것이고 dt2는 dt1의 각 원소마다 샘플을 1개씩 취해서 모두 합한 리스트 입니다. 명령어 마지막에 세미콜론 (;)이 있는 경우는 출력을 하지 말라는 의미가 되어 출력을 하지 않습니다.

따라서 마지막 2행이 세미콜론이 없기 때문에 출력을 한 것이고 그 위의 명령 행들은 출력을 하지 않은 상태입니다.

```
dt3 = Table[i, {i, tryNum}]
dt4 = Map[{temp = Map[f[μ, σ] &, dt1], Mean[temp],
    StandardDeviation[temp]} &, dt3]

{1, 2, 3}

{{{99.0829, 113.419, 96.7654, 95.1091}, 101.094, 8.37654},
 {{101.986, 109.328, 106.975, 106.902}, 106.298, 3.08784},
 {{122.475, 100.346, 111.294, 104.301}, 109.604, 9.7015}}
```

[그림 A 2.2] 샘플 취하기 2

이 부분은 반복 횟수(tryNum)만큼 4개의 샘플을 구하는 과정입니다. dt3는 3번 반복하겠다는 것을 정의한 것입니다. 4개의 샘플을 구하는 과정이 Map[$f[\mu, \sigma]$ &, dt1]인데 이 4개 샘플이 있는 리스트를 이용해서 평균과 표준편차를 구하기 위해서 이름을 temp라고 지어 줍니다. 반복횟수 dt3의 원소 수만큼 4개 샘플을 구하고 각각의 평균과 표준편차를 묶은 것을 1회로 하여 dt3 횟수만큼 반복합니다. dt4의 리스트를 보면 샘플 4개가 집합으로 묶여 있고 이후 4개 샘플의 평균, 표준편차가 각각 있으면서 이들 전체가 한 묶음으로 되어 있음을 알 수 있습니다.

```
dt5 = Map[dt4[[#]][[2]] &, dt3]
dt6 = Map[dt4[[#]][[3]] &, dt3]

{101.094, 106.298, 109.604}

{8.37654, 3.08784, 9.7015}
```

[그림 A 2.3] 샘플 취하기_3

dt5는 평균만을 모은 것이고, dt6는 표준편차만을 모은 것입니다. dt5의 명령이 Map[ ] 괄호 안에 있는 dt4[[#]][[?]]의 표현에서 "#"의 의미는 반복 횟수 dt3의 각 원소를 의미합니다. 예를 들어서 dt3의 첫 번째 원소 1의 경우에는 #=1이 되어 dt4의 첫 번째 묶음(dt4[[#]] which means dt4[[1]]) 내에서 [[2]]에 의해서 2번째 원소인 평균값 101.094를 가져옵니다. dt5의 2번째 원소 106.298은 dt4의 2번째 묶음의 2번째 원소임을 [그림 A2.2]에서 확인해 주시기 바랍니다. dt5는 반복 횟수만큼 4개 샘플을 취한 후 그 평균들만을 모은 집합이며([[2]] : 2번째 원소) dt6은 표준편차만을 모은 집합임을([[3]] : 3번째 원소) 알 수 있습니다.

```
dt55 = Histogram[dt5, {70, 130, 1}]
```

[그림 A2.4] 샘플취하기_4

[그림 A 2.4]의 dt55는 평균의 모음인 dt5를 가로축으로 70에서 130까지 1 간격으로 히스토그램을 그리라는 명령어입니다. 히스토그램을 위해서는 반복 횟수가 많아야 하므로 반복 횟수 tryNum=10만으로 하여 히스토그램을 그리고, 비교를 위해서 이 히스토그램에 평균 100, 표준편차 $\sigma/\sqrt{4}=10/2=5$인 정규분포의 이론적 빈도수를 [그림 A2.5]에 같이 그렸습니다.

4개 샘플의 평균은 평균이 모집단의 평균인 100과 같고, 표준편차는 모집단의 표준편차 $\sigma=10$에 대해서 샘플 개수의 제곱근에 반비례하는 $\sigma/\sqrt{4}=10/2=5$인 정규분포를 하는 것을 확인할 수 있습니다.

```
Show[Histogram[dt5, {70, 130, 1}],
 Plot[tryNum * PDF[NormalDistribution[μ, σ/√4], x], {x, 70, 130},
  PlotStyle → {Black, Thick}]]
```

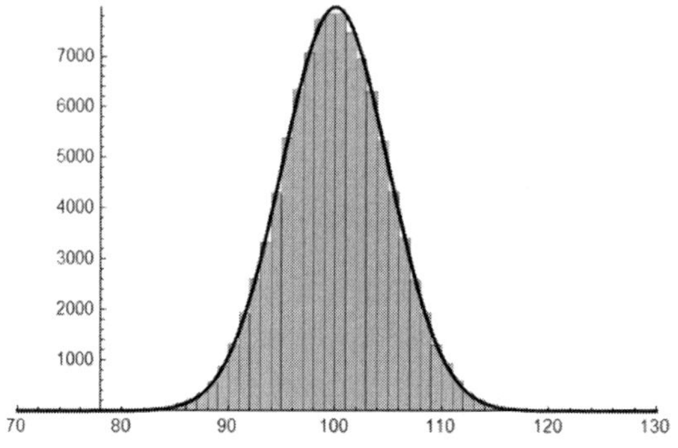

[그림 A 2.5] 샘플 취하기_5

Appendix 03

t 분포와 카이제곱 분포의 관계

참고자료 [1]에 의하면 t분포의 정의는 식 (A 3.1)로 표현됩니다.

Z를 표준 정규분포를 따르는 확률변수라 하고, V를 자유도 k의 χ^2분포를 따르는 확률변수라 하자. 즉, $Z \sim N(0,1)$[7)]이고 $V \sim \chi^2(k)$이면, $Z/\sqrt{V/k}$는 자유도 k의 t분포를 한다. 즉,

$$\frac{Z}{\sqrt{V/k}} \sim t(k) \cdots\cdots (\text{A } 3.1)$$

표준정규분포를 자유도 k인 카이제곱분포의 제곱근으로 나누는 의미를 알아보고자 합니다. 먼저 t분포의 정의에서 분모의 의미를 알아보기로 합니다. 향후 계산의 편이를 위해 자유도 3인 카이제곱분포의 예를 들어서 설명합니다.

식 (A 3.1)의 분모 $\sqrt{V/k}$의 의미는 식 (1.5.2)에 의하면 S/σ가 됨을 알 수 있습니다. 자유도 k의 카이제곱분포는 표준정규분포를 하는 모집단에서 샘플 k개를 취해서 각각의 값의 제곱을 더한 값의 확률을 의미하므로($V = \sum_{i=1}^{k} z_i^2 = z_1^2 + z_2^2 + \cdots + z_k^2$), V/k의 의미는 자유도당 평균 카이제곱 값을 의미합니다. 이 상황을 그림으로 그려서 생각해 봅니다. [그림 A 3.1]에 매쓰매티카 프로그램을 기록하였습니다. dt01은 시뮬레이션을 만회 실시하겠다는 의미이고 dt02는 표준정규분포를 하는 모집단에서 샘플을

7) $Z \sim N(0,1)$은 Z가 평균이 0이고 분산이 1인 정규분포를 하는 확률변수라는 표시입니다. $V \sim \chi^2(k)$는 확률변수 V가 자유도 k의 카이제곱 (χ^2)분포를 한다는 표시입니다.

n_1개 취해서 각각의 제곱의 합을 구하는 작업을 만회 실시한 리스트입니다. dt03는 dt02의 각 원소의 값을 자유도 n_1으로 나눈 리스트를 의미합니다. dt04는 dt03의 각 원소의 제곱근을 원소로 하는 리스트입니다. dt02와 dt03, dt04의 히스토그램을 그리면 그림 A3.2, A3.3, A3.4와 같습니다.

```
n1 = 3;
tryNum = 10000;
dt01 = Table[i, {i, tryNum}];
dt02 = Map[Sum[RandomVariate[NormalDistribution[]]^2, {i, n1}] &, dt01];
Histogram[dt02, {0, 15, 0.5}, ChartLabels → {"χ^2 (3)"}]
dt03 = Map[#/n1 &, dt02];
Histogram[dt03, {0, 5, 0.5/3}, ChartLabels → {"χ^2 (3)/3"}]
dt04 = Map[√# &, dt03];
Histogram[dt04, {0, 5, 0.2}, ChartLabels → {"√(χ^2 (3)/3)"}]
```

[그림 A 3.1] $\sqrt{V/k}$ 그래프를 위한 매쓰매티카 program

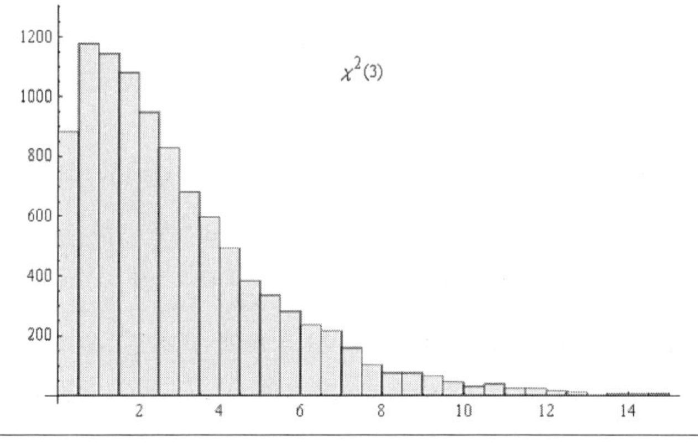

[그림 A 3.2] 자유도 3의 카이제곱을 10000회 실시한 히스토그램

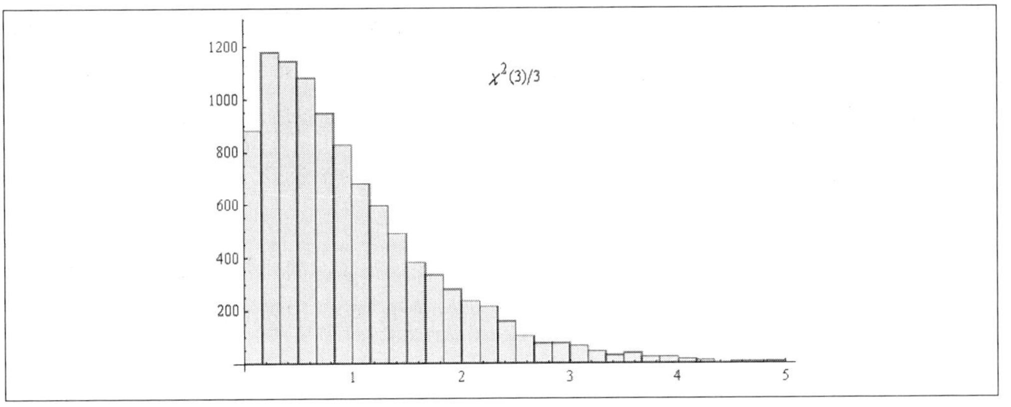

[그림 A 3.3] 그림 A3.2의 각 원소를 자유도 3으로 나눈 값의 히스토그램

[그림 A 3.1.2]의 가로축은 15까지 가는 원소들이 있는데 비해서 [그림 A 3.1.3]의 가로축은 자유도 3으로 나눈 5 정도까지 가는 것을 볼 수 있습니다.

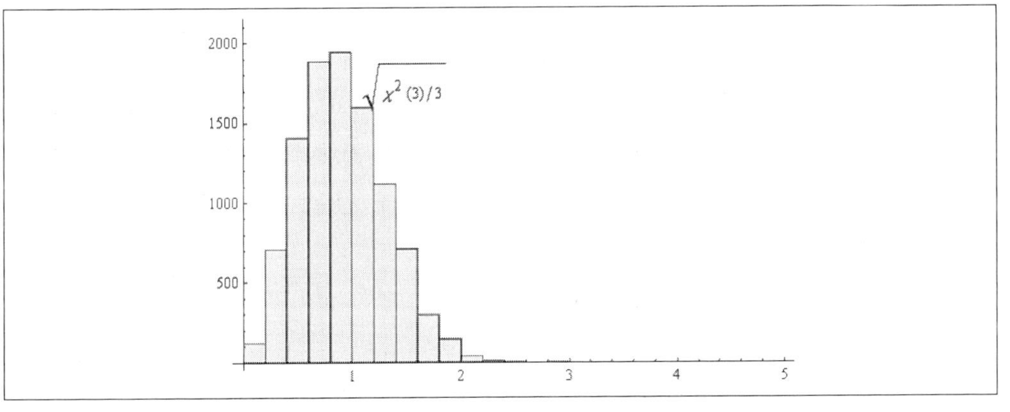

[그림 A 3.4] 그림 A3.3 의 각 원소에 제곱근을 한 결과 히스토그램

[그림 A 3.4]는 자유도 3의 카이제곱분포를 자유도 3으로 나눈 값의 제곱근을 취한 분포입니다.

식 (1.5.2)의 양변에 제곱근을 해서 여기에 다시 써보기로 합니다.

$$\sqrt{\frac{S^2}{\sigma^2}} = \frac{S}{\sigma} \sim \sqrt{\frac{\chi^2_{n-1}}{n-1}} \quad \cdots\cdots \text{(A 3.2)}$$

$\sigma=1$인 경우에 대해서 [그림 A 3.4]를 생각하면 표본의 표준편차 $S=1$이 되기를 기대하는데 실제는 만 번 중에서 2000번 정도 $0.8<S<1$이 범위에 들어오며, $S>1.8$이 되는 경우도 200회 정도 이상 되는 경우도 발생하는 것을 알 수 있습니다.

다음 표준정규분포를 갖는 확률변수 Z를 $\sqrt{V/k}$로 나누는 이유에 대해서 알아보기로 합니다.

기본 내용은 1.6절의 식 (1.6.3)을 따릅니다. 식 (A 3.3)에 식 (1.6.3)을 옮겨 봅니다. 모집단 표준편차 σ를 모르는 경우 표본 표준편차 S를 이용해서 모집단 평균 μ를 추정할 때 사용하는 공식입니다.

$$\frac{\overline{X}-\mu}{S/\sqrt{n}} \sim \frac{\overline{X}-\mu}{\sigma/\sqrt{n}} \cdot \frac{1}{\sqrt{\chi^2_{n-1}/(n-1)}} \sim \frac{Z}{\sqrt{\chi^2_{n-1}/(n-1)}} \sim t_{n-1} \cdots\cdots\cdots\text{(A 3.3)}$$

same as (1.6.3)

[그림 A 3.5]에 시뮬레이션을 위한 프로그램을 나타내었습니다. dt01은 반복횟수를 만 회 실시하겠다는 리스트이며, dt02는 반복 횟수마다 표준정규분포를 하는 모집단에서 4개씩 sample을 취한 리스트입니다. dt02의 처음 2 원소를 프린트하였습니다. 첫 원소는 −0.58138을 포함하는 4개의 샘플이며, 2번째 원소는 0.220503을 포함하는 4개의 원소입니다.

dt3은 dt02의 각 원소를 이용해서 평균 m, 표준편차 std, 평균을 표준편차로 나눈 m/std값을 구한 리스트이며 그 중에서 dt4는 평균 m만 모은 리스트이고, dt5는 표준편차 std만 모은 리스트이며, dt6은 m/std값만 모은 리스트입니다.

여기서 평균을 표준편차로 나눈 m/std는 식 (A 3.3)에서 $\sqrt{\chi^2_{n-1}/(n-1)}$을 S/σ로 대치하여(식 A 3.2 이용) $\dfrac{Z}{\sqrt{\chi^2/(n-1)}} \sim \dfrac{Z}{S/\sigma} \sim t_{n-1}$ t분포를 하게 됨을 보이고자 합니다.

```
In[73]:= n1 = 4; dt001 = Table[i, {i, n1}];
f[x_] := RandomVariate[NormalDistribution[]]
tryNum = 10000;
dt01 = Table[i, {i, tryNum}];
dt02 = Map[Map[f[#] &, dt001] &, dt01];
Print["The first 2 elements of dt02 is ", dt02[[1 ;; 2]]];

dt3 = Map[{temp = #, m = Mean[#], std = StandardDeviation[#], m / std} &, dt02];
dt4 = Map[#[[2]] &, dt3]; Print["mean = ", dt4[[1 ;; 5]]];
dt5 = Map[#[[3]] &, dt3]; Print["std = ", dt5[[1 ;; 5]]];
dt6 = Map[#[[4]] &, dt3];
Print["mean/std = ", dt6[[1 ;; 5]]];
The first 2 elements of dt02 is
 {{-0.58138, -0.566473, -0.127749, 0.573029}, {0.220503, -0.355947, -2.13991, 0.20143}}
mean = {-0.175643, -0.518481, 0.572813, -0.962291, -0.654115}
std = {0.541656, 1.11353, 0.720767, 0.640194, 0.1604}
mean/std = {-0.324271, -0.465621, 0.794727, -1.50312, -4.07801}
```

[그림 A 3.5] Z분포를 S/σ로 나누어 t분포를 만드는 시뮬레이션

[그림 A 3.6]은 위에서 구한 dt4, dt5, dt6 리스트의 histogram을 그리는 프로그램인데 dt4 Z분포와 dt6 t분포에는 이론적인 분포 값을 scale을 맞추어서 같이 보이도록 합니다. dt5는 이론적 공식을 찾아내는 것이 힘들어서 적용하지 못했습니다.

```
In[83]:= Show[Histogram[dt4, {-4, 4, 0.2}, ChartLabels → {"X̄"}],
  Plot[tryNum / 5 * PDF[NormalDistribution[0, 1 / √n1], x], {x, -4, 4}, PlotStyle → Thick]]
Histogram[dt5, {-4, 4, 0.2}, ChartLabels → {"S/σ=√(χ² (3) / 3)"}]
Show[Histogram[dt6, {-4, 4, 0.2}, ChartLabels → {"t(3)"}],
  Plot[tryNum / 5 * √n1 * PDF[StudentTDistribution[3], √n1 * x], {x, -4, 4},
   PlotStyle → Thick]]
```

[그림 A 3.6] t분포 그래프 작성 프로그램

[그림 A 3.7] (a)에 표준정규분포를 하는 모집단에서 $n_1 = 4$개의 샘플을 취한 평균 $\overline{X}$(시뮬레이션상 변수 이름 m)를 만 번 구한 분포를 시뮬레이션으로 나타내었습니다. (a)에서 샘플을 구할 때마다 얻은 표준편차 S(시뮬레이션상 변수 이름 std)의 분포를 [그림 A 3.7] (b)에 나타내었습니다. 여기서 $\sigma = 1$이기 때문에 $S/\sigma = S$가 됩니다. [그림 A 3.7] (c)에는 매번 4개 샘플을 구할 때마다 평균 $\overline{X}$를 표준편차 S로 나눈 값을 만들어(시뮬레이션상 m/std)이 값 만 개의 분포를 나타내었습니다. 이 분포는 t분포를 함을 알 수 있습니다.

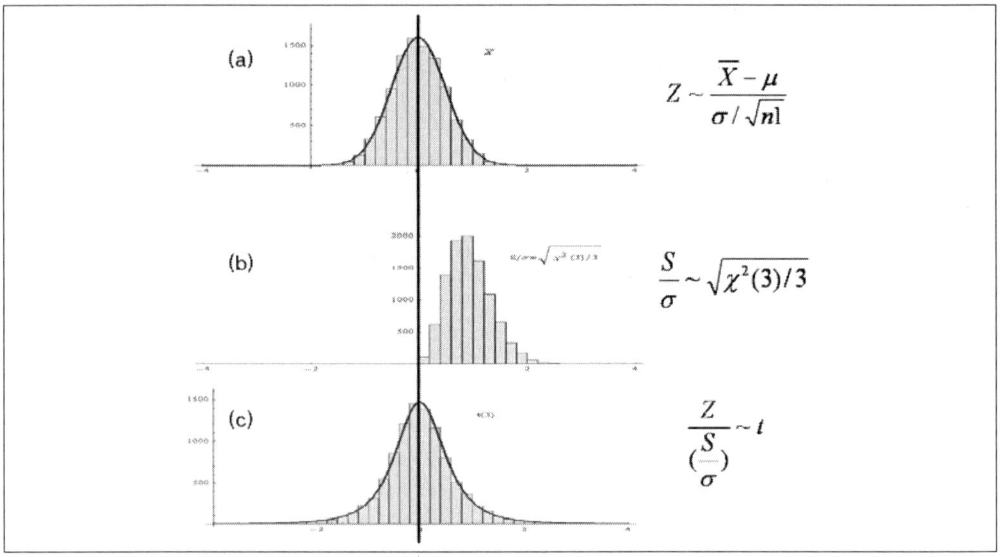

[그림 A 3.7] Z분포를 자유도당 카이제곱분포의 제곱근으로 나누어 t분포 발생과정

결론적으로 모집단의 σ를 알면 샘플 평균 $\overline{X}$로부터 Z분포를 이용하여 모집단 평균 μ를 추정하며 모집단의 σ를 모르는 경우에는 샘플 평균 $\overline{X}$와 표준편차 S로부터 t분포를 이용하여 모집단 평균 μ를 추정할 수 있게 됩니다.

Appendix 04

F분포 만들기

참고자료 [1]에 의하면 F분포의 정의는 식 (A 4.1)로 표현됩니다.

F분포는 χ^2분포를 따르는 두 개의 독립적인 확률변수 V_1과 V_2를 각각의 대응하는 자유도 ν_1, ν_2로 나누어 비율로 나타낸 새로운 확률변수의 분포로 이러한 분포를 하는 확률변수 F는 식 (A 4.1)과 같이 표현됩니다.

$$F = \frac{V_1/\nu_1}{V_2/\nu_2} \quad \cdots\cdots \text{(A 4.1)}$$

식 (A 4.1)의 의미를 말로 표현해 본다면 다음과 같이 쓸 수 있습니다. 먼저 분모 분자에서 카이제곱분포를 자유도로 나눈 의미는 자유도당 카이제곱 값을 의미합니다. 자유도 ν의 카이제곱분포는 표준정규분포를 하는 모집단에서 샘플 ν개를 취해서 각각이 값의 제곱을 더한 값의 확률을 의미하므로($V = \sum_{i=1}^{\nu} z_i^2 = z_1^2 + z_2^2 + \ldots + z_\nu^2$) V/ν의 의미는 자유도당 평균 카이제곱 값을 의미합니다. 이 상황을 그림으로 그려서 생각해 봅니다. [그림 A 4.1]에 매쓰메디카 프로그램을 기록하였습니다. dt01은 시뮬레이션을 만 회 실시하겠다는 의미이고 dt02는 표준정규분포를 하는 모집단에서 샘플을 n_1개 취해서 각각을 제곱해서 합을 구하는 작업을 만 회 실시한 리스트입니다. dt03은 dt02의 각 원소의 값을 자유도 n_1으로 나눈 리스트를 의미합니다. dt02와 dt03을 히스토그램을 그리면 [그림 A 4.2], [그림 A 4.3]과 같습니다.

```
In[34]:= n1 = 3; n2 = 5;
tryNum = 10000;
dt01 = Table[i, {i, tryNum}];
dt02 = Map[Sum[RandomVariate[NormalDistribution[]]^2, {i, n1}] &, dt01];
Histogram[dt02, {0, 15, 0.5}, ChartLabels → {"χ^2(3)"}]
dt03 = Map[# / n1 &, dt02];
Histogram[dt03, {0, 5, 0.5 / 3}, ChartLabels → {"χ^2(3)/3"}]
```

[그림 A 4.1] 카이제곱분포와 자유도당 카이제곱의 그래프를 위한 mathmatica program

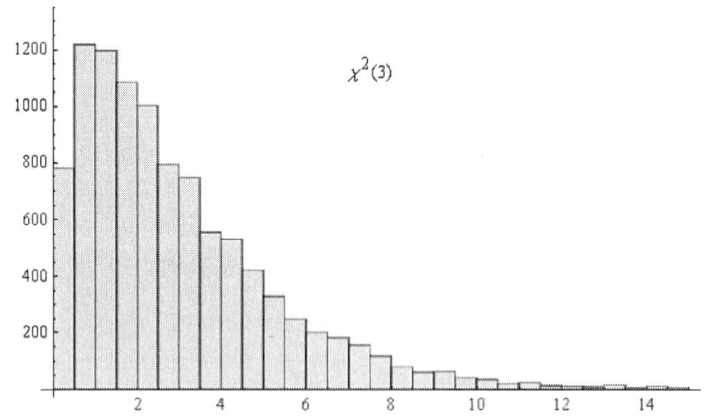

[그림 A 4.2] 자유도3의 카이제곱을 10000회 실시한 히스토그램

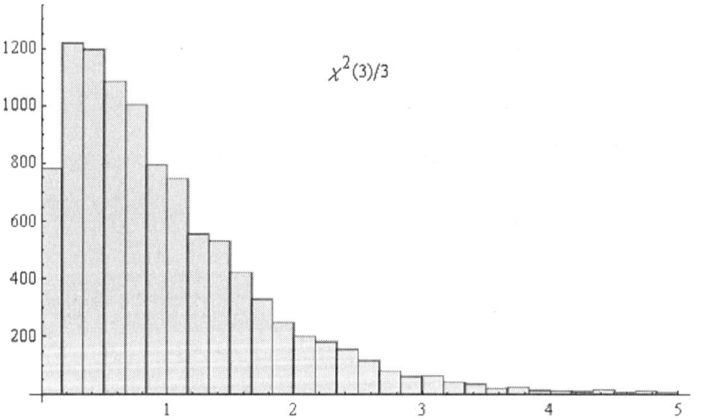

[그림 A 4.3] 그림 A 4.2의 각 원소를 자유도 3으로 나눈 값의 히스토그램

[그림 A 4.2]의 가로축은 15까지 가는 원소들이 있는데 비해서 [그림 A 4.3]의 가로축은 자유도 3으로 나눈 5 정도까지 가는 것을 볼 수 있습니다.

[그림 A 4.1]의 과정을 한 번에 수행하도록 하여 얻은 결과를 [그림 A 4.4]에 나타내었습니다. 여기서 dt2에는 표준 정규분포를 하는 모집단에서 샘플 3개를 취해 각각의 제곱을 하여 모두 더한 뒤 3으로 나눈 값 $(z_1^2+z_2^2+z_3^2)/3$을 tryNum인 만 번 실행한 결과가 들어 있습니다.

```
n1 = 3; n2 = 5;
tryNum = 10000;
dt1 = Table[i, {i, tryNum}];
dt2 = Map[Sum[RandomVariate[NormalDistribution[]]^2, {i, n1}] / n1 &, dt1];
Histogram[dt2, {0, 5, 0.2}, ChartLabels → {"χ^2 (3) / 3"}]
```

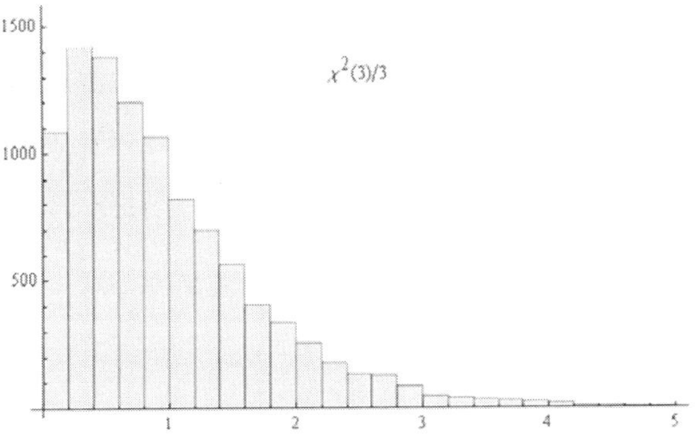

[그림 A 4.4] F분포의 분자 부분 히스토그램

마찬가지 원리로 식 (A 4.1)의 분모에 해당하는 부분의 히스토그램을 자유도 5에 대해서 그리면 [그림 A 4.5]와 같은 결과를 얻습니다. dt3에는 샘플을 5개를 취해서 각각의 제곱을 하여 모두 더한 뒤 5로 나눈 값 $(z_1^2+z_2^2+z_3^2+z_4^2+z_5^2)/5$를 tryNum인 만 번 실행한 결과가 들어 있습니다.

```
dt3 = Map[Sum[RandomVariate[NormalDistribution[]]^2, {i, n2}] / n2 &, dt1];
Histogram[dt3, {0, 5, 0.2}, ChartLabels → {"χ^2(5)/5"}]
```

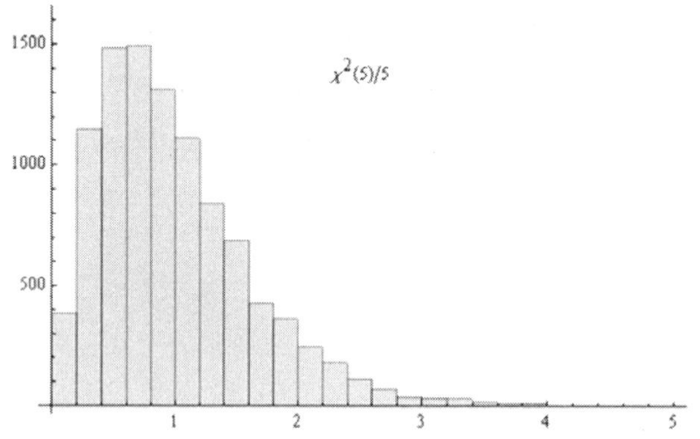

[그림 A 4.5] F분포의 분모 부분 히스토그램 $\chi^2(5)/5$

dt4는 dt2 list의 n번째 값을 dt3 list의 n번째 값으로 나눈 값을 dt4의 n번째 원소로 하는 리스트입니다. dt4의 히스토그램을 그리면 [그림 A 4.6]과 같이 됩니다. [그림 A 4.6]에는 $F(3, 5)$분포의 이론값을 히스토그램과 높이가 같도록 scaling하여 그래프로 그렸습니다.

```
dt4 = Flatten[Map[dt2[[#]] / dt3[[#]] &, dt1]];
Show[Histogram[dt4, {0, 10, 0.2}, ChartLabels → {"F(3,5)"}],
 Plot[0.2 * tryNum * PDF[FRatioDistribution[n1, n2], x], {x, 0, 10}, PlotRange → Full,
  PlotStyle → Thick]]
```

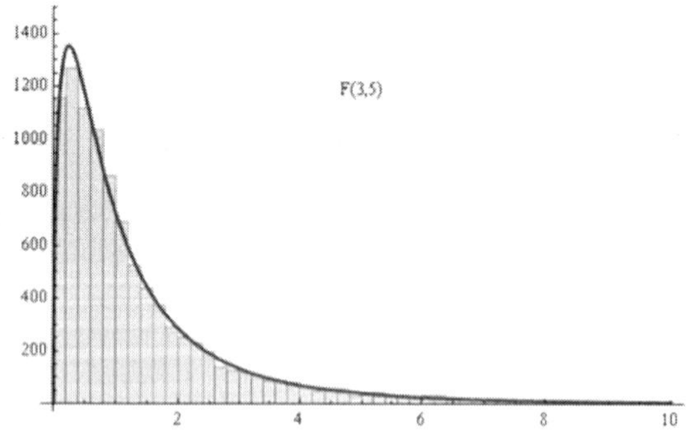

[그림 A 4.6] $F(3, 5)$분포 히스토그램, 이론값은 굵은 선으로 표현

동일한 분산 σ^2을 가진 2개의 모집단 중에서 그 중 1개인 A 모집단에서 n_1개의 샘플을 취해서 그들의 분산 S_1^2을 구하면 이들 사이에는 식 (A 4.2)와 같은 관계식을 갖습니다.(식 1.5.1 참조)

$$(n_1-1)\cdot\frac{S_1^2}{\sigma^2}=\chi^2_{n_1-1} \qquad \text{(A 4.2)}$$

식 (A 4.2)의 양변을 자유도로 나누면 모집단의 분산과 샘플의 분산 사이에는 식 (A 4.3)과 같은 관계식을 갖게 됩니다.

$$\frac{S_1^2}{\sigma^2}\sim\frac{\chi^2_{n_1-1}}{(n_1-1)} \qquad \text{(A 4.3)}$$

카이제곱을 자유도로 나눈 의미는 샘플의 분산과 모집단의 분산의 비를 의미하는 것임을 알 수 있습니다. 모집단의 분산이 1이라면 샘플의 분산도 1이기를 기대하는데 1보다 크거나 작은 다른 값을 가질 수 있다는 의미입니다. [그림 A 4.3]을 보면 자유도 3의 카이제곱을 자유도로 나눈 확률분포의 모양인데 기댓값 1에 비해서 상당히 크거나 작은 값을 가질 확률도 있음을 알 수 있습니다.

한편 B 모집단에서 n_2개의 샘플을 취해서 그들의 분산 S_2^2을 구하면 이들 사이에는 동일한 원리로 식 (A 4.4)와 같은 관계식을 갖습니다.

$$\frac{S_2^2}{\sigma^2}\sim\frac{\chi^2_{n_2-1}}{(n_2-1)} \qquad \text{(A 4.4)}$$

두 모집단의 분산이 동일하다고 가정하였으므로 식 (A 4.3)을 식 (A 4.4)로 나누면 샘플의 분산의 비는 식 (A 4.5)와 같이 F분포를 하게 됩니다.

$$\frac{S_1^2}{S_2^2}\sim\frac{\chi^2_{n_1-1}/(n_1-1)}{\chi^2_{n_2-1}/(n_2-1)}=F(n_1-1,n_2-1) \qquad \text{(A 4.5)}$$

식 (A 4.5)의 의미를 말로 써보면 분산이 동일한 모집단 A, 모집단 B가 있을 때, 모집단 A에서 n_1개의 샘플을 취해 그 분산 S_1^2을 구하고, 모집단 B에서 n_2개의 샘플을 취해 그 분산 S_2^2을 구한 뒤 2개의 비율을 계산하면 식 (A 4.5)와 같이 $F(n_1-1, n_2-1)$ 분포를 한다는 의미입니다.

예를 들어서 모집단 A에서 4개의 샘플을 취하고, 모집단 B에서 6개의 샘플을 취해서 그 분산 값을 나누면 [그림 A 4.6]과 같은 $F(3, 5)$ 분포를 할 것임을 예상할 수 있습니다.

분포의 임계값을 구하는 과정을 [그림 A 4.7]에 나타내었습니다. 매쓰매티카를 이용하면 쉽게 구할 수 있습니다. $F(3, 5)$의 누적 분포 값이 0.025가 되는 지점을 구하는 과정인데 첫 번째 수식은 error가 발생하였습니다. 이는 초깃값이 잘못 설정되어서 이렇게 되는데 system에서 초깃값을 달리하여 다시 시도하라는 메시지가 뜨고 이에 따라 다른 초깃값으로 시도한 결과 0.0671825라는 값을 얻을 수 있었습니다. 동일한 원리로 누적 확률이 0.975가 되는 값을 찾으면 7.76359라는 값을 얻는데 일반적인 6σ 교재의 F분포 table에서 구한 7.76과 일치함을 확인할 수 있습니다.

```
FindRoot[CDF[FRatioDistribution[3, 5], x] == 0.025, {x, 1}]
FindRoot::jsing : Encountered a singular Jacobian at the point {x} = {-0.412462}. Try perturbing the initial point(s). >>
{x → -0.412462}

FindRoot[CDF[FRatioDistribution[3, 5], x] == 0.025, {x, 0.1}]
{x → 0.0671825}

FindRoot[CDF[FRatioDistribution[3, 5], x] == 0.975, {x, 0.1}]
{x → 7.76359}
```

[그림 A 4.7] $F(3, 5)$분포의 임계값 찾기

이 임계값들이 의미하는 바를 [그림 A 4.8]에 나타내었습니다. 예를 들어서 모집단 A에서 4개의 샘플을 취하고, 모집단 B에서 6개의 샘플을 취해서 그 분산값을 나누었을 때 그 값이 7.76 이상이 될 확률이 2.5 %이고 0.067 이하의 값을 가질 확률이 2.5 %가 된다는 의미입니다. 따라서 가설검정에서 샘플의 분산을 나누었을 때 임계값을 넘는 경우가 발생하면 분모와 분자 모집단의 분산이 동일하다고 볼 수 없다고 판정하게 됩니다. 즉, 두개의 모집단의 분산이 서로 달라서 임계값 이상의 값을 얻게 되었다고 봅니다.

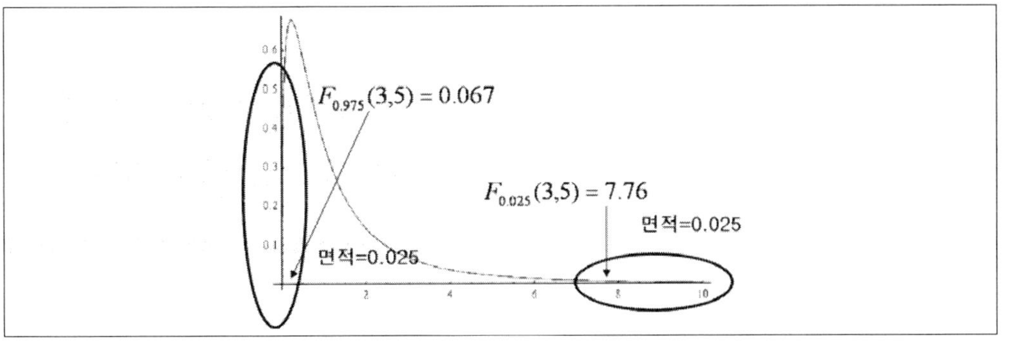

[그림 A 4.8] 두 개 모집단의 분산이 동일하다면 임계값을 넘을 확률이 극히 적습니다.

Appendix 05

F값에 따른 분포 형상 시뮬레이션

F분포 histogram과 이론값을 보여주고 F값 최대, 최소, 중간 값의 3 업체 5 sample값의 형태를 보여드리고자 합니다. sample data는 1회만 만들고 text로 저장하여 이후는 text를 읽어서 항상 동일한 data로 처리하도록 합니다.

A 5.1 sampe data 만들기

3개의 업체에서 동일한 품질의 부품을 생산하는 경우에 각 회사의 부품을 5개씩 취해서 품질을 비교하는 경우 많은 경우는 3 회사의 품질이 동일하다는 결론이 나오겠지만 어떤 샘플에서는 3 회사의 품질이 같지 않다고 판단하는 경우가 발생할 수 있다는 것을 보여드리기 위해서 그 사례를 만드는 과정을 설명 드립니다.

평균 $\mu = 100$, 표준편차 $\sigma = 10$인 모집단에서 5개의 샘플을 3번씩 취하는 과정을 천 회 정도 실시하면서 업체 간의 평균의 차이가 가장 큰 예를 찾고자 합니다. 다음 매쓰매티카 program에서는 평균 μ, 표준편차 σ인 샘플을 5개 구하는 명령어가 sample[μ_, σ_]이며 리스트 dt3의 원소들은 다음과 같습니다. t1, t2, t3는 5개씩 샘플을 구한 결과이며 t4는 3개 그룹의 평균들의 집합이며 t5는 평균 간 가장 큰 차이가 t5입니다.

```
μ = 100; σ = 10;
f[μ_, σ_] := RandomVariate[NormalDistribution[μ, σ]]
dt1 = Table[i, {i, 5}];
sample[μ_, σ_] := Map[f[μ, σ] &, dt1]
tryNum = 1000;
dt2 = Table[i, {i, tryNum}];
dt3 =
  Map[{t1 = sample[μ, σ], t2 = sample[μ, σ], t3 = sample[μ, σ],
     t4 = {Mean[t1], Mean[t2], Mean[t3]}, t5 = Max[t4] - Min[t4]} &, dt2];
```

dt3의 첫 번째 원소와 2번째 원소의 예를 보기로 합니다.

```
dt3[[1 ;; 2]]
{{{81.9869, 121.385, 105.583, 112.91, 99.9349},
  {71.1329, 87.0938, 100.659, 114.249, 117.252},
  {82.2506, 97.659, 85.312, 92.9082, 124.679}}, {104.36, 90.0774, 96.5619},
  7.79811}, {{{96.6666, 98.5726, 97.9949, 91.5429, 94.1151},
  {98.6635, 103.273, 102.613, 87.322, 106.905},
  {94.0292, 105.792, 129.749, 96.7151, 103.312}},
  {95.7784, 99.7553, 105.919}, 10.141}}
```

평균의 차이가 큰 순서대로 sorting한 결과 dt4를 얻습니다.

```
dt4 = Sort[dt3, #1[[5]] < #2[[5]] &];
dt4[[999 ;; 1000]]
{{{89.6146, 98.7552, 114.784, 104.443, 100.09},
  {123.089, 103.997, 112.886, 114.544, 93.4479},
  {83.8875, 107.298, 100.513, 75.1768, 79.7274}}, {101.537, 109.593, 89.3204},
  20.2724}, {{{75.9512, 84.6248, 82.134, 102.662, 98.9361},
  {105.321, 78.9908, 110.473, 100.746, 107.337},
  {108.835, 117.611, 96.5657, 105.509, 121.427}},
  {88.8617, 100.573, 109.99}, 21.1279}}
```

본 시뮬레이션에서는 random number를 취하므로 실행할 때마다 다른 값이 발생하게 됩니다. 교재로 사용하기 위해서 항상 일정한 값을 갖도록 text file로 출력 후 이를 사용하기 위해서 smplData1.txt라는 이름으로 저장합니다

```
Export["smplData1.txt", Partition[Flatten[dt3], 24], "Table"];
```

A 5.2 *F*값에 따른 형상 차이 보기

동일한 모집단에서 3 업체가 각각 5개씩의 sample한 결과를 비교할 때 *F*값에 따라서 어떤 형태가 나올 수 있는지 그 모양을 보여드리고자 합니다.

아래 프로그램에서 dt8은 sample data를 이용하여 ANOVA table의 내용을 계산하는 과정이며 최종 계산된 F값을 원소로 가지고 있습니다. dt9는 F값이 작은 값에서 큰 값으로 sorting 한 결과입니다.

```
dt7 = Import["smplData.txt", "Table"];

temp = FindRoot[CDF[StudentTDistribution[4], x] == 0.975, {x, 2}];
critT = x /. temp; (*  critical  t value  at  α=0.025 is 2.77645    *)
temp = FindRoot[CDF[FRatioDistribution[2, 12], x] == 0.95, {x, 2}];
critF = x /. temp; (*  critical F value at α=0.05 is 3.88529     *)

dt8 =
  Map[ { #[[1]], aₛ = {a1, a2, a3, a4, a5} = #[[2 ;; 6]],
     bₛ = {b1, b2, b3, b4, b5} = #[[7 ;; 11]],
     cₛ = {c1, c2, c3, c4, c5} = #[[12 ;; 16]], ā = Mean[aₛ], b̄ = Mean[bₛ],
     c̄ = Mean[cₛ], GM = Mean[{ā, b̄, c̄}],
     dt301 = Total[MapThread[#1^2 + #2^2 + #3^2 &, {aₛ, bₛ, cₛ}]],
     dt302 = Total[MapThread[#1 + #2 + #3 &, {aₛ, bₛ, cₛ}]],
     totalSS = dt301 - dt302^2 / 15,
     ssE = Total[MapThread[(#1 - ā)^2 + (#2 - b̄)^2 + (#3 - c̄)^2 &, {aₛ, bₛ, cₛ}]],
     ssT = totalSS - ssE, msE = ssE / 12, msT = ssT / 2, fSmpl = msT / msE,
     If[fSmpl > critF, 1, 0]} &, dt7];
dt9 = Sort[dt8, #1[[16]] < #2[[16]] &];
```

F값의 histogram을 그리기 위해 dt10에 tryNum 수(천 회)만큼의 F값을 모았으며 이들의 histogram과 이론값을 보기로 합니다.

```
dt10 = Map[#[[16]] &, dt9];
tryNum = 1000;
Show[
 Histogram[dt10, {0.2}, ChartStyle → Yellow],
 Plot[tryNum * 0.2 * PDF[FRatioDistribution[2, 12], x], {x, 0, 8},
  PlotStyle → {Black, Thick}]]
```

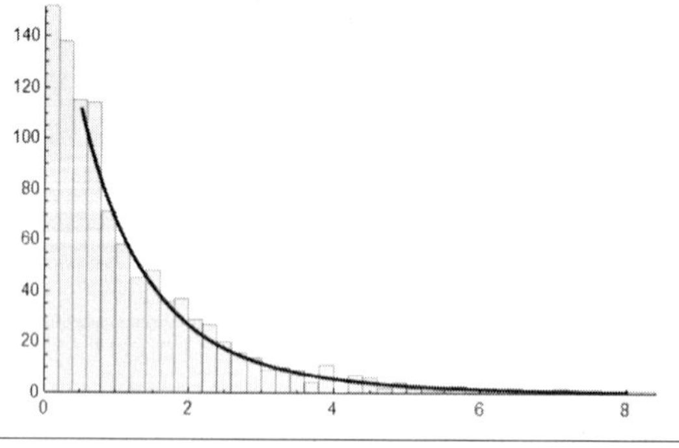

$F > F_{critical}(= 3.89)$인 부분의 개수가 약 5 %인 50개 정도가 될 것을 알 수 있습니다.

```
ListPlot[dt10, PlotStyle → Black]
```

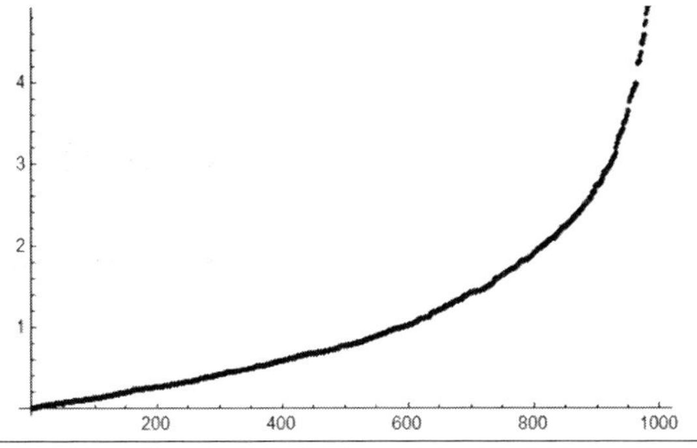

F값에 따른 샘플분포의 모양을 감상합니다.

```
s1000 = dt9;
Manipulate[
 Show[
  ListPlot[Flatten[{as = {a1, a2, a3, a4, a5} = s1000[[u]][[2]],
     bs = {b1, b2, b3, b4, b5} = s1000[[u]][[3]],
     cs = {c1, c2, c3, c4, c5} = s1000[[u]][[4]]}], PlotRange → {70, 130}],
  Plot[ā = Mean[as], {x, 0.5, 5.5}, PlotStyle → Dashed],
  Plot[b̄ = Mean[bs], {x, 5.5, 10.5}, PlotStyle → Dashed],
  Plot[c̄ = Mean[cs], {x, 10.5, 15.5}, PlotStyle → Dashed],
  Plot[GM = Mean[{ā, b̄, c̄}], {x, 0.5, 15.5}]], {u, 1, 1000}]
```

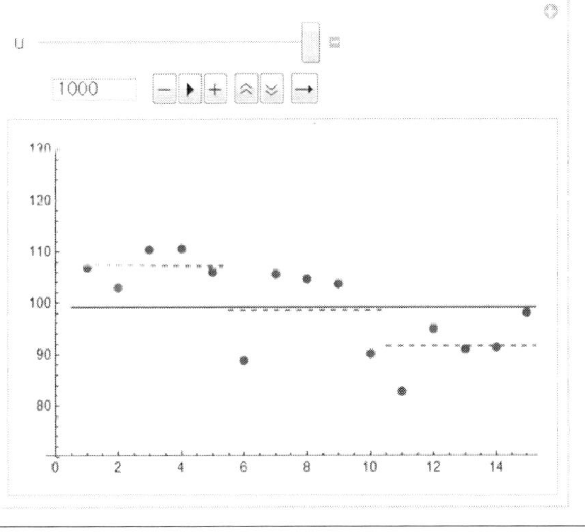

Appendix 06

표준편차 계산법

분산, 표준편차와 같은 산포에 관한 용어는 모집단과 표본에 대해서 각각 다른 정의를 갖고 있으며 그 차이를 [표 A 6.1]에 나타내었습니다. [표 A 6.1]에 있는 모든 연산은 표본의 평균 ($\overline{X}$) 또는 모집단의 평균 (μ)과 같이 평균을 알아야 계산이 가능함을 알 수 있습니다.

[표 A 6.1] 산포에 관한 용어 및 공식 : 모집단과 표본의 차이점은 (μ=> $\overline{X}$), (N=> $n-1$)

산포	모집단	표본
변동	$\sum_{i=1}^{N}(X_i-\mu)^2$	$\sum_{i=1}^{n}(X_i-\overline{X})^2$
분산	$\sigma^2=\frac{\sum_{i=1}^{N}(X_i-\mu)^2}{N}$	$S^2=\frac{\sum_{i=1}^{n}(X_i-\overline{X})^2}{n-1}$
표준편차	$\sigma=\sqrt{\frac{\sum_{i=1}^{N}(X_i-\mu)^2}{N}}$	$S=\sqrt{\frac{\sum_{i=1}^{n}(X_i-\overline{X})^2}{n-1}}$

예를 들어서 표본의 표준편차를 계산하는 과정을 알아보겠습니다.

[표 A 6.2] 평균을 구한 뒤 표준편차를 구하는 방법

	data	편차 : $(X_i - \overline{X})$	편차제곱 : $(X_i - \overline{X})^2$
	5	0	0
	6	1	1
	3	−2	4
	7	2	4
	4	−1	1
합 : $\sum X_i$	25		
샘플 수 : n	5		
평균 : $\overline{X}$	5		

구분	공식	결괏값
변동	$\sum_{i=1}^{n}(X_i - \overline{X})^2$	10
분산	$S^2 = \dfrac{\sum_{i=1}^{n}(X_i - \overline{X})^2}{n-1}$	$\dfrac{10}{5-1} = 2.5$
표준편차	$S = \sqrt{\dfrac{\sum_{i=1}^{n}(X_i - \overline{X})^2}{n-1}}$	$\sqrt{2.5}$

평균을 구하지 않고 변동을 계산하는 방법에 대해서 알아보기로 합니다.

식 (A 6.1)에 따르면 변동의 계산을 좀 더 쉽게 계산할 수 있게 되며 이를 상기 예에 적용하여 계산해 보기로 합니다.

$$\sum(X_i-\overline{X})^2=\sum(X_i^2-2\cdot X_i\cdot\overline{X}+\overline{X}^2)=\sum X_i^2-2\cdot\overline{X}\cdot\sum X_i+\sum\overline{X}^2$$

$$=\sum X_i^2-2\cdot\overline{X}\cdot(n\cdot\overline{X})+n\cdot\overline{X}^2=\sum X_i^2-n\cdot\overline{X}^2\cdot\text{(A 6.1)}$$

[표 A 6.3] 평균을 구하지 않고 표준편차를 구하는 방법

	data		샘플 제곱: X_i^2
	5		25
	6		36
	3		9
	7		49
	4		16
합 : $\sum X_i$	25	제곱의 합 : $\sum X_i^2$	135

구분	공식	결괏값
변동	$\sum(X_i-\overline{X})^2=\sum X_i^2-n\cdot\overline{X}^2$	$135-5\times25=10$
분산	$S^2=\dfrac{\sum X_i^2-n\cdot\overline{X}^2}{n-1}$	$\dfrac{135-125}{5-1}=2.5$
표준편차	$S=\sqrt{\dfrac{\sum X_i^2-n\cdot\overline{X}^2}{n-1}}$	$\sqrt{2.5}$

표준 편차를 계산하는 도중의 각 항목을 지칭하는 이름들에 대해서 알아봅니다.[3]

가. The crude sum of squares $\sum_{i=1}^{n} X_i^2$: 제곱의 합

나. The CM(correction for the mean)

$$n \cdot \overline{X}^2 = n \cdot \left(\frac{\sum_{i=1}^{n} X_i}{n} \right)^2 = \frac{\left(\sum_{i=1}^{n} X_i \right)^2}{n} = \frac{(\text{합의 제곱})}{n}$$

다. The SS(total sum of squares)

$$\sum_{i=1}^{n} X_i^2 - \frac{\left(\sum_{i=1}^{n} X_i \right)^2}{n} = (\text{제곱의 합}) - \frac{(\text{합의 제곱})}{n}$$

라. variance(분산) $\sigma^2 = \dfrac{\sum_{i=1}^{n} X_i^2 - \dfrac{\left(\sum_{i=1}^{n} X_i \right)^2}{n}}{n-1} = \dfrac{(\text{제곱의 합}) - \dfrac{(\text{합의 제곱})}{n}}{n-1}$

$$= \frac{total \sum of\, squares}{total\, DF(\text{degrees}\, of\, freedom)}$$

마. 표준편차 $S = \sqrt{\dfrac{(\text{제곱의 합}) - \dfrac{(\text{합의 제곱})}{n}}{n-1}} = \sqrt{\dfrac{\sum X_i^2 - \dfrac{\left(\sum X_i\right)^2}{n}}{n-1}}$

$$= \sqrt{\frac{(\text{제곱의 합}) - n \cdot (\text{평균의 제곱})}{n-1}} = \sqrt{\frac{\sum X_i^2 - n \cdot \overline{X}^2}{n-1}}$$

$$= \sqrt{\frac{(\text{편차 제곱의 합})}{n-1}} = \sqrt{\frac{\sum (X_i - \overline{X})^2}{n-1}}$$

상기 식에서 표준 편차를 나타내는 수식의 근호 속의 분자의 값이 모두 같은 값임을 아시고 이렇게 서로 다른 방법으로 표현될 수 있음을 생각해 두시기 바랍니다. 이 이름들은 향후 ANOVA를 배우는 과정에서 유용하게 쓰입니다.

Appendix 07

모집단 평균에 대한 변동과 표본 평균에 대한 변동의 관계

이 부분은 [1] (pp180－181) 참조하였습니다.

평균이 μ이고 표준 편차가 σ인 모집단으로부터 크기 n의 표본을 추출하였다고 하면 다음과 같은 관계가 성립합니다.

$$(X_i - \mu) = (X_i - \overline{X}) + (\overline{X} - \mu)$$

단, X_i : 관측값 $(i = 1, 2, ..., n)$

$$\overline{X} \text{ : 표본 평균 } \left(= \frac{\sum_{i=1}^{n} X_i}{n} \right) \cdots\cdots \text{(A 7.1)}$$

식 (A 7.1) 양변을 제곱하면 식 (A 7.2)를 얻습니다.

$$\begin{aligned}(X_i - \mu)^2 &= ((X_i - \overline{X}) + (\overline{X} - \mu))^2 \\ &= (X_i - \overline{X})^2 + 2 \cdot (X_i - \overline{X}) \cdot (\overline{X} - \mu) + (\overline{X} - \mu)^2 \cdots\cdots \text{(A 7.2)}\end{aligned}$$

식 (A 7.2)를 모든 표본에 대해서 다 더해주면 식 (A 7.3)이 됩니다.

$$\sum_{i=1}^{n}(X_i - \mu)^2 = \sum_{i=1}^{n}(X_i - \overline{X})^2 + 2 \cdot (\overline{X} - \mu) \cdot \sum_{i=1}^{n}(X_i - \overline{X}) + \sum_{i=1}^{n}(\overline{X} - \mu)^2 \cdots\cdots \text{(A 7.3)}$$

그런데 $(\overline{X}-\mu)$는 상수이고, $\sum_{i=1}^{n}(X_i-\overline{X})=0$이므로 식 (A 7.3)은 식 (A 7.4)와 같이 됩니다.

$$\sum_{i=1}^{n}(X_i-\mu)^2=\sum_{i=1}^{n}(X_i-\overline{X})^2+n\cdot(\overline{X}-\mu)^2 \quad \cdots\cdots \text{(A 7.4)}$$

Appendix 08

기호

혼동하기 쉬운 기호들에 대한 설명입니다.

$\chi^2(n)$	자유도 n의 카이제곱분포
X_n^2	상동, 자유도를 샘플 수와 함께 사용할 때 표기법 (예 : $\frac{\chi_n^2}{n}$ 자유도 분에 자유도 n의 카이제곱)
$\chi_\alpha^2(n)$	자유도 n 카이제곱분포의 상위 α 분위 수
$\chi_{\alpha,n}^2$	상동, 자유도를 샘플수와 함께 사용할 때 표기법 (예 : $\frac{\chi_{\alpha,n}^2}{n}$ 자유도 분에 자유도 n의 카이제곱분포의 상위 α 분위 수)
$F(n_1, n_2)$	분자 자유도 n_1 분모 자유도 n_2의 F분포
$F_\alpha(n_1, n_2)$	분자 자유도 n_1 분모 자유도 n_2의 F분포의 상위 α 분위 수
$t(n)$	자유도 n의 t분포
t_n	상동, 자유도 n의 t분포. 자유도를 샘플 수와 함께 사용할 때 표기법
$t_\alpha(n)$	자유도 n의 t분포의 상위 α 분위 수
$t_{\alpha,n}$	상동, 자유도 n의 t분포의 상위 α 분위 수. 자유도가 샘플 수와 함께 사용될 때 사용함.
z_α	표준정규분포의 상위 α 분위 수
α	유의 수준
p값	유의 확률

연습문제 1장/2장

1. 수입검사 부서에서 전자 부품 30개를 측정하여 평균 10옴, 표준편차 1옴을 얻었다. 이 부품의 모집단의 평균이 존재할 95% 신뢰구간은 얼마인가? t 분포 공식을 이용 풀이 바랍니다.

【풀이】 식 (1.7.3)을 이용하여 $\overline{X}=10$, $S=1$, $n=30$, $t_{0.025,4}=2.776$을 적용하면

$$\overline{X}-t_{\alpha/2,n-1}\cdot\frac{S}{\sqrt{n}}\le\mu\le\overline{X}+t_{\alpha/2,n-1}\cdot\frac{S}{\sqrt{n}}$$

$$10-2.776\cdot\frac{1}{\sqrt{5}}\le\mu\le 10+2.776\cdot\frac{1}{\sqrt{5}}$$

$$10-1.24\le\mu\le 10+1.24$$

$$8.76\le\mu\le 11.24$$

【답】 (8.76, 11.24)

2. 전자 부품 1개 로트에서 random으로 20개의 샘플을 선택해서 표준편차를 측정하여 4옴을 얻었습니다. 이 로트의 표준편차는 95% 신뢰 수준으로 어느 범위에 있을까요?

【풀이】 모집단 분산 σ^2 의 신뢰구간은 식 (1.8.3)을 적용하고 $n=20$, $S=4$,

$\chi^2_{0.025,29}=45.72$, $\chi^2_{0.975,29}=16.05$를 대입하면

$$\frac{(n-1)\cdot S^2}{\chi^2_{\alpha/2,n-1}}\le\sigma^2\le\frac{(n-1)\cdot S^2}{\chi^2_{(1-\alpha/2),n-1}}$$

$$\Rightarrow\frac{29\cdot 4^2}{45.27}\le\sigma^2\le\frac{29\cdot 4^2}{16.05}$$

$$\Rightarrow 10.1487\le\sigma^2\le 28.9097$$

표준 편차 σ 의 신뢰구간은 다음과 같다.

$3.19\le\sigma\le 5.38$

【답】 (3.19, 5.38)

3. 아래 데이터는 표준편차가 3인 정규 분포를 하는 모집단에서 샘플을 취한 결과이다. 모집단 평균의 90% 신뢰구간은? 단, $z_{0.05} = 1.645$ 이다.

29	27	32	24	34	31

【풀이】 샘플 6개의 평균을 구하면 평균 $\overline{X} = 29.5$이다 표준편차 $\sigma = 3$ 으로 문제에서 주어졌으므로 식 (1.3.5)에서 샘플 수에 해당하는 4 대신에 $n = 6$을 반영하고

$z_{\alpha/2} = z_{0.05} = 1.645$, 신뢰수준 90%에서 $1 - \alpha = 0.9$를 적용하면,

$$P(\overline{X} - 1.645 \cdot \frac{\sigma}{\sqrt{6}} \le \mu \le \overline{X} + 1.645 \cdot \frac{\sigma}{\sqrt{6}}) = 0.9$$

$$P(29.5 - 1.645 \cdot \frac{3}{\sqrt{6}} \le \mu \le 29.5 + 1.645 \cdot \frac{3}{\sqrt{6}}) = 0.9$$

$$P(29.5 - 2.0 \le \mu \le 29.5 + 2.0) = 0.9$$

$$P(27.5 \le \mu \le 31.5) = 0.9$$

【답】 (27.5, 31.5)

4. 아래 데이터가 주어졌을 때 모집단 분산의 90% 신뢰구간은 얼마인가?

29	27	32	24	34	31

【풀이】 주어진 데이터의 표준편차를 구하면 $S = \sqrt{\frac{\sum(X - \overline{X})^2}{n-1}} = 3.6194$이다.

식 (1.8.3)에서 $n = 6$, $\chi^2_{0.05,5} = 11.071$, $\chi^2_{0.95,5} = 1.145$ 를 대입하면

$$\frac{(n-1) \cdot S^2}{\chi^2_{\alpha/2,n-1}} \le \sigma^2 \le \frac{(n-1) \cdot S^2}{\chi^2_{(1-\alpha/2),n-1}}$$

$$\frac{5 \cdot 3.6194^2}{11.071} \le \sigma^2 \le \frac{5 \cdot 3.6194^2}{1.145}$$

$$5.92 \le \sigma^2 \le 57.21$$

【답】 (5.92, 57.21)

5. 제품 A에 사용되는 부품 B의 허용 온도 상한 spec이 100도입니다. 항온조에서 고온조건으로 5대를 시험한 결과 평균 95도, 표준편차 1도의 결과를 얻었습니다. 신뢰수준 90%에서 이 제품의 불량률은 얼마일까요? 군간 변동은 없다고 가정하고 예상되는 (가) 최악의 경우(worst case), (나) 보통의 경우(normal case), (다) 최선의 경우(best case)의 불량률을 추정해 주세요.

【풀이】 신뢰 수준 90%로 모집단 평균이 있을 범위는 식 (1.11.1)에 따라서,

자유도 4이고 $\alpha = 0.1$ 인 t 분포의 양측 임계값 $t_{critical} = t_{0.1/2,4} = 2.132$이므로,

$$\overline{X} - t_{\alpha/2,4} \cdot \frac{S}{\sqrt{n}} < \mu_{\overline{X}} \leq \overline{X} + t_{\alpha/2,4} \cdot \frac{S}{\sqrt{n}}$$

$$95 - 2.132 \cdot \frac{1}{\sqrt{5}} \leq \mu_{\overline{X}} \leq 95 + 2.132 \cdot \frac{1}{\sqrt{5}}$$

$$95 - 0.953 \leq \mu_{\overline{X}} \leq 95 + 0.953$$

모집단 평균의 신뢰구간은 (94.047, 95.953)이 된다.

모집단 표준편차의 대푯값으로는 샘플 표준편차 S를 이용해서 t 분포를 사용해서 불량률을 계산한다. worst case로는 모집단 평균이 신뢰구간의 상한인 95.953인 경우에 불량률을 계산한다.

$$t_{worst} = \frac{100 - 95.953}{S = 1} = 4.047 \Rightarrow (\text{엑셀함수})\, TDIST(4.047, 4, 1) = 0.78\%$$

$$t_{normal} = \frac{100 - 95}{S = 1} = 5 \Rightarrow (\text{엑셀함수})\, TDIST(5, 4, 1) = 0.37\%$$

$$t_{best} = \frac{100 - 94.047}{S = 1} = 5.953 \Rightarrow (\text{엑셀함수})\, TDIST(5.953, 4, 1) = 0.20\%$$

【답】 (가) worst case 0.78%, (나) normal case 0.37%, (다) best case 0.2%

6. 앞의 문제에서 샘플 수 5대를 30대로 하여 시험한 결과 평균 95도, 표준편차 1도의 결과를 얻었습니다. Z 분포를 한다고 가정하면 신뢰수준 90%에서 예상되는 불량률은 얼마인가?

【풀이】 신뢰수준 90%로 모집단 평균이 있을 범위는 식 (1.11.2) 에 따라서

$$\overline{X}- z_{\alpha/2} \cdot \frac{S}{\sqrt{n}} \le \mu_{\overline{X}} \le \overline{X}+ z_{\alpha/2} \cdot \frac{S}{\sqrt{n}}$$
$$95 - 1.645 \cdot \frac{1}{\sqrt{30}} \le \mu_{\overline{X}} \le 95 + 1.645 \cdot \frac{1}{\sqrt{30}}$$
$$94.7 \le \mu_{\overline{X}} \le 95.3$$

모집단 평균의 신뢰구간은 (94.7, 95.3) 이다.

모집단 표준편차의 대푯값으로는 샘플 표준편차 S를 이용하고 Z 분포를 이용해서 불량률을 추정한다.

$z_{worst} = \frac{100 - 95.3}{S= 1} = 4.7 \Rightarrow$ from z table (at z=4.7), 불량률=1.33[ppm]

$z_{normal} = \frac{100 - 95}{S= 1} = 4.5 \Rightarrow$ from z table (at z = 5), 불량률=0.3[ppm]

$z_{best} = \frac{100 - 94.7}{S= 1} = 5.3 \Rightarrow$ from z table (at z =5.3), 불량률=0.06[ppm]

문제 **5**의 경우와 비교하여 예상 불량률이 훨씬 낮아짐을 느껴 주시기 바랍니다.

【답】 (가) worst case 1.33[ppm], (나) normal case 0.3[ppm],

(다) best case 0.06[ppm]

7. 다이아몬드생산 공장에서 새로운 공법을 개발했습니다. 95% 신뢰수준으로 평균 0.5캐럿 이상의 다이아몬드를 생산해야 수익성이 있다고 합니다. 5개를 만들어서 측정한 결과 0.46, 0.61, 0.52, 0.57, 0.54캐럿입니다. 이 공법은 수익성이 있을까요? (출처 [3])

【풀이】 귀무가설

$H_0 : \mu \le 0.5$ 캐럿
$H_1 : \mu > 0.5$ 캐럿

sample 수 $n = 5$, $\overline{X}= 0.54, S= 0.056$

$$t = \frac{\overline{X}- \mu_0}{S/ \sqrt{n}} = \frac{0.54 - 0.5}{0.056/ \sqrt{5}} = 1.597$$

자유도 4 의 t 임계값은 2.132이므로 귀무가설이 기각 될 수 없다. 따라서 수익성이 있다고 볼 수 없다.

【답】 수익성이 없다.

[stress-strength 문제]

8. 어느 제품에 가해지는 stress가 평균 1000, 표준편차 30으로 인가된다고 하자 제품이 견딜 수 있는 내구력(strength)은 평균 1500, 표준 편차 20인 상태로 생산된다고 하자. 제품이 사용 중 노후화 되어 내구력이 평균 1200 표준편차 40인 상태로 떨어졌다고 하자. 노후화 된 현재 시점에서 불량이 발생할 확률은 얼마인가?

【풀이】 내구력(strength)이 외부에서 가해지는 압력(stress)보다 높아야 제품이 안전합니다. 불량의 발생은 평균 1200, 표준편차 40인 strength 모집단에서 1개를 선택(x_1)하고, 평균 1000, 표준편차 30의 stress 모집단에서 1개를 선택(x_2)했을 때,

$x_1 - x_2 < 0$이 되는 조건에서 불량이 발생합니다. 이는 두 모집단 차이의 평균과 표준편차를 나타내는 식 (2.3.1) ~ 식 (2.3.2)에서 $n_1 = n_2 = 1$로 놓으면

$$E(\overline{X_1} - \overline{X_2}) = E(\overline{X_1}) - E(\overline{X_2}) = \mu_1 - \mu_2$$

$$Var(\overline{X_1} - \overline{X_2}) = Var(\overline{X_1}) + Var(\overline{X_2}) = \frac{\sigma_1^2}{n_1} + \frac{\sigma_2^2}{n_2}$$

z 값은 다음과 같이 되고 $z < 0$일 확률을 구하면 된다.

$$z = \frac{\mu_1 - \mu_2}{\sqrt{\sigma_1^2 + \sigma_2^2}} = \frac{1200 - 1000}{\sqrt{40^2 + 30^2}} = 4$$

z table을 이용해서 (단측)불량률은 31.8[ppm]을 얻는다.

【답】 31.8[ppm]

[끼움 문제]

8. 부품 A의 구멍에 부품 B를 끼워서 조립하는 경우 부품 A의 직경의 설계 치수공차가 $5+0.005, -0$ 이고 부품 B 의 설계 치수공차가 $5+0, -0.005$ 이라고 하자. 한 개 로트를 생산해서 검토해 본 결과 부품 A 의 직경은 평균 5.02, 표준편차 0.001이었고, 부품 B의 직경은 평균 4.97, 표준편차 0.001이었다. $d_A - d_B < 0.04$인 경우 끼움이 헐렁하여 불량으로 판정한다. 이 로트의 불량률은 얼마가 예상되는가?

【풀이】 이 문제도 stress-strength 문제와 유사한 방법으로 푼다.

$d_A - d_B$는 다음과 같이 Z 분포를 한다고 볼 수 있다.

$$z = \frac{\overline{X_A} - \overline{X_B}}{\sqrt{\sigma_A^2 + \sigma_B^2}} = \frac{5.02 - 4.97}{\sqrt{0.01^2 + 0.01^2}} = \frac{0.05}{0.014} = 3.57$$

z table에서 $z = 3.57$ 인 경우 불량률은 179[ppm]을 얻는다.

【답】 179[ppm]

연습문제 3장

10. 어느 제품을 만드는데 3가지 설계 방법이 있다. 각각의 방법으로 5개씩 샘플을 만들어서 성능을 시험한 결과 다음과 같은 성적을 얻었다.

구분	점수	n	$\sum X$	$(\sum X)^2$	$TCM = \frac{(\sum X)^2}{n}$	$\sum X^2$
방법 A	29.6,29.9,28.3, 30.6,28.8	5	147.2	21667.8	4333.57	4336.86
방법 B	32.7,30.4,33.1, 31.8,29.9	5	157.9	24932.4	4986.48	4994.31
방법 C	34.0,30.9,33.8, 29.9,28.5	5	157.1	24680.4	4936.08	4959.51
total		$N = 15$	462.2	213629	14241.9	14290.7

* TCM (Treatment total Correction for the Mean)

$totalSS = \sum(X - GM)^2$ 을 구하는데 $\sum X^2$을 구하고 평균이 이동한 양인

$TCM = N \cdot GM^2 = N \cdot (\frac{\sum X}{N})^2 = \frac{(\sum X)^2}{N}$을 보정하여 구하게 된다.

귀무가설을 "각 방법의 성능이 모두 동일하다" 라고 놓고 대립 가설로 "각 방법의 평균이 모두 같지는 않다" 라고 할 때 신뢰수준 95%에서 어느 가설을 채택할 것인가? 라는 문제를 다음 순서로 풀이한다.

가설은 다음과 같이 쓸 수 있다.

귀무가설 : $H_0: \mu_A = \mu_B = \mu_C$

대립가설 : $H_1: \mu_A, \mu_B, \mu_C$가 모두 같지는 않다.

ANOVA 계산을 위한 변수값을 다음과 같이 계산한다.

전체 평균 GM을 구하면,

$GM = 30.8133$

$$totalSS = \sum(X - GM)^2 = \sum X^2 - 2 \cdot GM \cdot \sum X + \sum GM^2$$
$$= \sum X^2 - 2 \cdot N \cdot GM^2 + N \cdot GM^2 = \sum X^2 - N \cdot GM^2$$
$$= \sum X^2 - \frac{(\sum X)^2}{N} = 14290.7 - 14241.9 = 48.8$$

$totalSS$는 각 원소에 내해서 전체 평균에 대힌 오차의 제곱의 합이다.

$$SSE = \sum_t \left(\sum_{t_i=1}^{n_{t_i}} \left(X_{t_i} - \overline{X_{t_i}} \right)^2 \right) = \sum_t \left(\sum_{t_i}^{n_{t_i}} X_{t_i}^2 - \frac{\left(\sum_{t_i}^{n_{t_i}} X_{t_i} \right)^2}{n_{t_i}} \right)$$
$$= (4336.86 - 4333.57) + (4994.31 - 4986.48) + (4959.51 - 4936.08)$$
$$= 3.29 + 7.83 + 23.43 = 34.55$$

SSE는 각 원소에 대해서 treatment 평균에 대한 오차의 제곱의 합이다.

$SST = totalSS - SSE = 48.8 - 34.55 = 14.25$

SST는 treatment 평균이 전체 평균 GM에 대한 오차의 제곱의 합입니다.

이는 다음 방법으로도 구해집니다.

$$SST = \sum_t \left(n_{t_i} \cdot \left(\overline{X_{t_i}} - GM \right)^2 \right)$$
$$= 5 \cdot (29.44 - 30.8133)^2 + 5 \cdot (31.58 - 30.8133)^2 + 5 \cdot (331.42 - 30.8133)^2$$
$$= 14.2$$

One-Way ANOVA 분산 분석표는 아래와 같이 만들어집니다.

(가)~(라)의 숫자를 채우시고 어떤 가설을 채택할 것인지 설명해 주세요.

변동원인	Sum of Squares	자유도	제곱 평균	F_{test} 값	$F_{critical}$
Treatment	14.25	2	7.125	(라)	3.89
표본 오차	34.55	(가)	(다)	–	–
합계	48.8	(나)	–	–	–

【답】 (가) 12 (나) 14 (다) 2.879 (라) 2.47, 귀무가설 채택
계산된 F 값 $F_{test} = 2.47$ 이 상한 임계값 $F_{0.05,2,12} = 3.89$를 초과하지 않았기 때문에 귀무가설이 채택 됩니다. 즉 3 방법의 평균은 모두 동일하다고 판단합니다.

11. 문제 **10**에서 각 방법에서 샘플의 숫자를 10개로 늘려서 test하여 다음과 같은 결과를 얻었다.

구분	점수	n	$\sum X$	$(\sum X)^2$	$TCM=\frac{(\sum X)^2}{n}$	$\sum X^2$
방법 A	26.4,29.3,30.4, 31.0,32.9,28.0, 32.6,29.1,31.4, 31.9	10	303.0	91809.0	9180.9	9220.16
방법 B	30.6,31.0,30.4, 27.1,27.6,30.5, 31.4,32.7,27.3, 30.2	10	298.8	89281.4	8928.14	8960.52
방법 C	34.2,30.9,32.6, 30.0,35.1,33.7, 32.1,33.5,33.0, 33.2	10	328.3	107781.0	10778.1	10798.8
total		$N=30$	930.1	865086.0	28836.2	28979.5

ANOVA 계산을 위한 변수 값은 다음과 같이 계산한다.

$$GM = \frac{\sum X}{N} = \frac{930.1}{30} = 31.0033$$

$$totalSS = \sum X^2 - \frac{\left(\sum X\right)^2}{N} = 28979.5 - 28836.2 = 143.3$$

$$SSE = (9220.16 - 9180.9) + (8960.52 - 8928.14) + (10798.8 - 10778.1)$$
$$= 39.26 + 32.38 + 20.7 = 92.34$$

$$SST = totalSS - SSE = 143.3 - 92.34 = 50.96$$

One-Way ANOVA 분산 분석표는 아래와 같이 만들어집니다.

변동원인	Sum of Squares	자유도	제곱 평균	F_{test} 값	$F_{critical}$
Treatment	50.96	2	25.48	(라)	3.35
표본 오차	92.34	(가)	(다)	–	–
합계	143.3	(나)	–	–	–

(가)~(라)의 숫자를 채우시고 어떤 가설을 채택할 것인지 설명해 주세요.

【답】 (가) 27, (나) 29, (다) 3.42, (라) 7.45, 대립가설 채택

계산된 F 값 $F_{test} = 7.45$이 상한 임계값 $F_{0.05,2,27} = 3.35$를 초과하였기 때문에 귀무가설이 기각되고 대립가설이 채택됩니다. 즉 3 방법의 평균은 모두 동일하다고 판단할 수 없습니다.

12. 문제 **10**, **11**은 방법 A, B는 모집단 평균 30, 표준편차 2의 모집단에서 샘플을 취한 결과이고, 방법 C는 모집단 평균 33, 표준편차 2의 모집단에서 샘플을 취한 결과이다. 샘플 수를 5로 한 경우 대립가설이 채택될 확률은 얼마인가? 즉 검정력은 얼마인가? 이 문제는 mathematica를 이용 simulation을 통해서 구해 보시기 바랍니다.

【답】 57%

13. 문제 **12**에서 샘플 수를 10으로 한 경우 대립가설이 채택될 확률은 얼마인가? 즉 검정력은 얼마인가? 이 문제는 mathematica를 이용, simulation을 통해서 구해 보시기 바랍니다.

【답】 92%

14. 문제 **12**에서 방법 A, B, C가 모두 모집단 평균 30, 표준편차 2의 동일한 모집단에서 샘플을 취했다면 샘플 수를 5로 한 경우 대립가설이 채택될 확률은 얼마인가? 즉 제1종 오류(type 1 error)가 발생할 확률은 얼마인가? 이 문제는 mathematica를 이용, simulation을 통해서 구해 보시기 바랍니다.

【답】 5%

연습문제 4장

15. 문제 **6**에서 측정하는 온도계의 오차가 ±0.5℃라고 한다. 온도계의 오차가 실제 온도보다 낮게 측정되어 불량률이 적게 되도록 계산되었다면 만일 참값이 측정 온도보다 +0.5℃ 높은 경우에 대해서 불량률을 추정해주세요.

【풀이】 문제 **6**에서 샘플 30대를 측정한 결과 측정값이 평균 95도, 표준편차 1도입니다. 온도계계가 참값보다 0.5도 낮게 표시 되었다면 참값은 평균 95.5도, 표준편차 1도가 됩니다. 평균 95.5도로 하고 문제 **6**의 풀이를 진행해 나가면 됩니다.

신뢰수준 90%로 모집단 평균이 있을 범위는 식 (1.11.2)에 따라서

$$\overline{X} - z_{\alpha/2} \cdot \frac{S}{\sqrt{n}} \le \mu_{\overline{X}} \le \overline{X} + z_{\alpha/2} \cdot \frac{S}{\sqrt{n}}$$

$$95.5 - 1.645 \cdot \frac{1}{\sqrt{30}} \le \mu_{\overline{X}} \le 95.5 + 1.645 \cdot \frac{1}{\sqrt{30}}$$

$$95.2 \le \mu_{\overline{X}} \le 95.8$$

모집단 평균의 신뢰구간은 (95.2, 95.8)이다.

모집단 표준편차의 대푯값으로는 샘플 표준편차 S 를 이용하고 Z 분포를 이용해서 불량률을 추정한다.

$z_{worst} = \dfrac{100-95.8}{S=1} = 4.2$ ⇒ from z table(at z=4.2), 불량률=13.4[ppm]

$z_{normal} = \dfrac{100-95.5}{S=1} = 4.5$ ⇒ from z table(at z=4.5), 불량률=3.45[ppm]

$z_{best} = \dfrac{100-95.2}{S=1} = 4.8$ ⇒ from z table(at z=4.8), 불량률=0.818[ppm]

worst case 불량률이 문제 **6**의 1.3[ppm]보다 10배 정도 큰 13.4[ppm]으로 추정됨을 알 수 있다.

【답】 (가) worst case 13.4[ppm], (나) normal case 3.45[ppm],

(다) best case 0.818[ppm]

16. 오실로스코프를 이용해서 전압을 측정하고자 한다. 오실로스코프의 spec은 다음과 같다. dc gain accuracy ±1.5%, vertical resolution 8 bit. 전압 range를 1V/div으로 놓고 3.3V 전압을 측정한다. 최대 측정 오차는 얼마인가?

【풀이】 vertical 8 div을 8 bit resolution 256 step으로 나누면 step 간의 간격은 $8\,V/256 = 31.25\,[m\,V]$ 이므로

digitization error e_d는 $e_d = \pm\dfrac{31.25}{2} = \pm 15.625\,[m\,V]$이다.

한편 dc gain accuracy에 의한 오차전압 e_{gain} 은

$e_{gain} = 3.3 \times (\pm 1.5\%) = \pm 49.5\,[m\,V]$ 이다.

오차의 합 $e_{total} = e_d + e_{gain} = \pm 15.625 \pm 49.5 = \pm 65.125\,[m\,V]$ 이다

최대 측정 오차는 $\pm 65.125\,[m\,V]$이다.

【답】 $\pm 65.125\,[m\,V]$

17. DCDC converter 의 출력 전압회로는 다음 그림과 같이 구성된다.

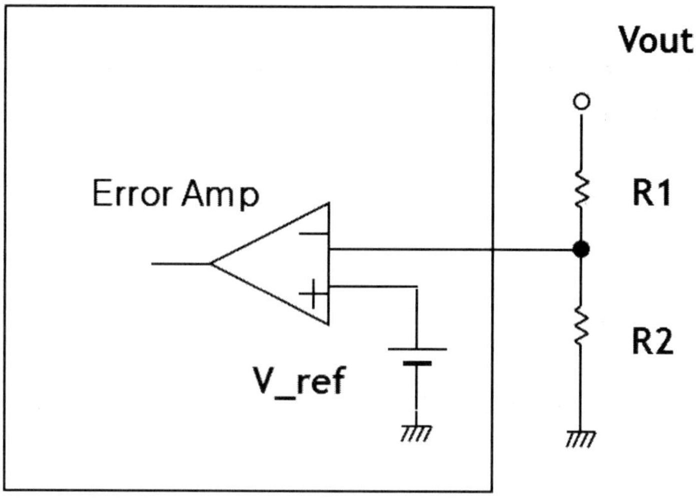

출력 전압을 결정하는 공식은 식 (문제 **17.1**)과 같다. V_ref는 0.8V ±0.1%, 저항 $R_1 = 22[k\Omega]$, $R_2 = 68[k\Omega]$는 오차 1% 저항을 사용했을 때 출력 전압 Vout의 최대 및 최소 출력 전압은 얼마인가?

$$V_{out} = V_{ref} \cdot (1 + \frac{R_1}{R_2}) \quad \cdots\cdots \quad (\text{문제 } 17.1)$$

【풀이】 Vout의 최대값은 V_{ref}:최대, R_1:최대, R_2:최소인 경우에 얻어진다.

Vout의 최소값은 V_{ref}:최소, R_1:최소, R_2:최대인 경우에 얻어진다.

$$(V_{out})_{\max} = V_{ref}(1+0.001) \cdot \left(1 + \frac{68 \cdot (1+0.01)}{22 \cdot (1-0.01)}\right)$$
$$= 0.8 \cdot 1.001 \cdot \left(1 + \frac{68.68}{21.78}\right) = 3.326$$

$$(V_{out})_{\min} = V_{ref}(1-0.001) \cdot \left(1 + \frac{68 \cdot (1-0.01)}{22 \cdot (1+0.01)}\right)$$
$$= 0.8 \cdot 0.999 \cdot \left(1 + \frac{67.32}{22.22}\right) = 3.22$$

【답】 최대값:3.326[V], 최소값:3.22[V]

찾아보기

참고문헌

* 본문에 [1], [2], [3], [4]로 표시함

[1] 노부호, 민재형, 이군희, 통계학의 이해, 법문사, 2005.3.17. .... 11, 12, 43, 51, 90, 96

[2] 고승곤 자문교수, LG전자 및 계열사 Six Sigma 연구회, *LGE Global Standard Six Sigma Training common Materials*, BB육성, 2005.11.1. 76

[3] Wortman,Carson, *CQE Primer Certified Quality Engineer*, QUALITY COUNCIL of INDIANA, 2006 .... 67, 78, 109

[4] ALBERT H. BOWKER, GERALD J. LIEBERMAN, *ENGINEERING STATISTICS*, PRENTICE HALL INC.1972, SECOND EDITION 11

저자 소개

신용후

1952년 10월 출생
1975년 2월 서울대학교 공과대학 공업 교육학과 졸업
1984년 2월 KAIST(한국과학기술원) 산업전자과 석사
1978년 11월 금성사 중앙연구소
R&D 부문 32년 근무
2010년 12월 LG전자 정년 퇴직
현재 LG전자 VC본부 품질 자문 근무중

Mathematica와 함께하는
6시그마 통계 기초의 이해

2016년 10월 20일 초판 인쇄
2016년 10월 25일 초판 발행

저 자 신용후
발행자 오판근
발행처 교우사

주 소 서울특별시 동대문구 약령시로 8 교우빌딩 2층
전 화 925-2861~2, 편집부 / 925-2825, 홈쇼핑 / 969-5762
펙 스 925-2860

E-mail kyowoo@kyowoo.co.kr
홈페이지 http://www.kyowoo.co.kr
북스토어(쇼핑몰) http://www.kyowoo.co.kr

등 록 1994. 3. 24 제6-0256호

ISBN 979-11-251-0184-0(93310)
값 10,000원